Kinder – Kleider

Unterrichts- und Lehrmaterial für Kinder
und Jugendliche der 1.-6. Klassen des
Textil- und Kunstunterrichts

von

Iris Kolhoff-Kahl

und

Ruth Malaka

Gedruckt mit freundlicher Unterstützung der initiative Handarbeit

Schneider Verlag Hohengehren GmbH

1. Vorwort

Kinder – Kleider sind fast immer von Erwachsenen für Kinder entworfen. Sie sollen kindgerecht, kinderfreundlich oder kindlich sein, die Kinder vor Gefahren wie Unfällen, klimatischen Einflüssen und Krankheiten schützen oder die Kinder in bestimmten Lebenssituationen herausputzen und schmücken. Selten sind Kinder bei den Kleidentwürfen im Alltag beteiligt. Je älter sie werden, um so mehr Mitspracherecht in der Kleiderauswahl fordern sie jedoch ein. Die Geschichte der Kinderkleidung zeigt, wie unterschiedlich die Kleider für Kinder gestaltet und mit welchen Bedeutungen sie aufgeladen worden sind.

In diesem Buch finden Sie Unterrichtsmaterialien für den Textil- und Kunstunterricht, erstellt von Iris Kolhoff-Kahl und Ruth Malaka, die Kinder und ihre Kleiderwünsche in den Mittelpunkt stellen. Weit gefasste Themenbereiche werden als „ungelöste Akten" angeboten, die zur kreativen Gestaltung von Kleidung in Form von Freiarbeit inspirieren. Zwei Spione führen die Kinder und Jugendlichen durch ungelöste Fälle, die Kinderkleider in fremden Ländern erkunden, die in privaten Kleiderschränken spionieren und herausfinden wollen, ob sich hinter teurer Kleidung auch reiche und glückliche Menschen verbergen, die in der Vergangenheit suchen, was Prinzessinnen und Prinzen getragen haben und wie sich heute ein barockes Fest feiern ließe, die sich von Kleiderfarben zu verrückten Ideen inspirieren lassen, Tarnmoden und Kleider wie eine zweite Haut erkunden und auf Kleiderspurensuche gehen.

Kleider werden erforscht, gesammelt, geordnet, getauscht, gestaltet, präsentiert. Kleiderwünsche diskutiert, mit Erwachsenen um Kleider und ihren Ausdruck gestritten...

Der zweite Teil des Buches liefert eine von Iris Kolhoff-Kahl formulierte pädagogische Diskussion um kindgerechte Kleidung und das Verhältnis von Erwachsenenprojektionen und Kinderwünschen bezogen auf Kleider. Diese Diskussion ist besonders für Lehrpersonen relevant. Zudem werden didaktische Begründungen angeboten, die das Thema Kinder-Kleider sinnvoll für den Textil- und Kunstunterricht in Grundschule und Sekundarstufe I verorten. Auf den dem Vorwort folgenden nächsten Seiten schließt sich eine beispielhafte Einordnung der einzelnen Unterrichtsmaterialien in die Lehrpläne des Textil- und Kunstunterrichts von NRW, Baden-Württemberg und Bayern an.

Außerdem gibt es eine Tabelle, die die Geschichte der Kinderkleidung in Europa vom Mittelalter bis in die heutige Zeit exemplarisch vorstellt und in erster Linie von Ruth Malaka zusammengestellt worden ist. Die Inhalte der Tabelle zielen nicht auf wissenschaftliche Vollständigkeit, was in dieser Präsentationsform auch nicht möglich gewesen wäre. Dennoch bietet die Tabelle eine einfache und gehaltvolle Nachschlagemöglichkeit für die historisch interessierte Lehrperson, die hier auch viele Verweise auf weiterführende Literatur zur Kinderkleidung findet.

Mein Dank gilt der guten Zusammenarbeit mit Ruth Malaka. Gemeinsam haben wir uns über drei Jahre hinweg in die Welt der Kinder und ihrer Kleider vertieft, soweit dies für erwachsene Menschen möglich ist. Auch Katja Sommereisen möchten wir danken, die das Layout gestaltet hat und nicht zuletzt Thomas Baehr, genannt „bitch“, der die Spione Aba und Kauke zeichnend ins Leben rief.

Und nun hoffen wir, dass wir mit unseren Ideen, die Schüler und Schülerinnen zu eigenen Kleidgestaltungen inspirieren können und ihnen Mut machen, trotz all der vorgegebenen Kleiderregeln und –ordnungen, doch etwas Eigenes zu kreieren. Sei es, indem sie mutig gekaufte Kleidung individuell kombinieren, Neues wagen oder aber auch Gruppendynamik und Kleiderordnungen bewusst reflektieren und nicht zuletzt selbst aus textilen Materialien völlig neue Kleidkreationen schaffen.

Unterrichtsanregungen	**Lehrplan NRW** 1. - 4. Klasse (1985) Textilgestaltung Kunst	**Lehrplan NRW** 5./6. Klasse (1994) Textilgestaltung (RS) Textilgestaltung (HS)
Akte Anderswo Kinder-Kleider in fremden Kulturen Japan und Mexiko	Ästhetisch-kulturelle Gestaltungsbereiche im Bereich Kleidung (22); außereuropäische kulturelle Bezüge (28)	Gewänder aus fremden Kulturen (RS 57ff); Fremdes wertschätzen (RS 57)
Akte Auch haben wollen... Aber was? Labelkleidung, In-Sein, Razzia im Kleiderschrank	Funktionen von Kleidung (27); Szenisches Spiel (30)	Gemeinsame Kleidung vergleichen (RS 58)
Akte Prinzessinnen und Prinzen Mädchen-, Jungenkleider, historische Kinderkleidung	Kleider als Hüllen, Schnittentwicklung (27); Textile Arbeitstechniken als gestalterische Möglichkeit (27); Soziale Koedukation (9)	Historische Feste feiern (RS 58)
Akte Kinder, Kleider, Farben Lieblingsfarbe und Kleid, Klub-Kleidung,...	Farbe als Ausdrucksmittel von Stimmungen und Gefühlen	Farbformen von Kleidung untersuchen (RS 42)
Akte Zweite Haut Kleider und die Sinne, tarnen, schützen. Die Körpersilhouette verändern.	Funktionen von Kleidung (27); Spiel- und Theateraufführungen (31)	Funktion, Bedeutung und Gestalt von Kinder-Kleidern in Technik, Kunst und Design (RS 40ff)
Akte Spurensuche Kleider aufbewahren, ordnen, erinnern und mit fremden Blick betrachten.	Grundlegende Verhaltensweisen ästhetisch-kultureller Erfahrungen zur Wirklichkeitserschließung (21)	Funktion, Bedeutung und Gestalt von Kinder-Kleidern in Technik, Kunst und Design (RS 40ff)

Unterrichtsanregungen	**Lehrplan BW** 1. - 4. Klasse (1994) Textiles Werken (TW) Bildende Kunst (BK)	**Lehrplan BW** 5./6. Klasse (1994) Textiles Werken (TW) Bildende Kunst (BK)
Akte Anderswo Kinder-Kleider in fremden Kulturen Japan und Mexiko	Ästhetische Erfahrungen in der heimischen und fremden Textilkultur (TW 26)	Verständnis eigener und fremder Kulturen (TW 32)
Akte Auch haben wollen... Aber was? Labelkleidung, In-Sein, Razzia im Kleiderschrank	Bewusstes Verbraucherverhalten (TW 26); Kleidung und Spiel (TW 97)	
Akte Prinzessinnen und Prinzen Mädchen-, Jungenkleider, historische Kinderkleidung	Arbeitsbereich Spiel/ Aktion (BK 25, 208); Kleidung und Spiel (TW 97); Verhüllen/ Verkleiden (TW 99); Sticken/ Nähen (TW 153)	Design, Umgestalten von Räumen und Kleidern für bestimmte Anlässe (BK 125)
Akte Kinder, Kleider, Farben Lieblingsfarbe und Kleid, Klub-Kleidung,...	Arbeitsbereich Farbe, subjektiver Ausdruck und Wirkung (BK 25, 207); Farbnamen... (BK 93); Färben (TW 209ff)	Farbe und Farbtöne (BK 76)
Akte Zweite Haut Kleider und die Sinne, tarnen, schützen. Die Körpersilhouette verändern	Arbeitsbereich „Körper/ Raum“ (BK 25, 151); Verhüllen/ Verkleiden (TW 99); Schutzkleidung (TW 209); Spiel/ Aktion (BK 152, 208)	Herstellen einfacher textiler Gegenstände (TW 129)
Akte Spurensuche Kleider aufbewahren, ordnen, erinnern und mit fremden Blick betrachten.	Kombinierte textile Techniken (TW 210); Spiel/ Aktion (BK 152, 208)	Design, einfache Gebrauchsgegenstände (BK 77); Herstellen einfacher textiler Gegenstände (TW 129)

Unterrichtsanregungen	**Lehrplan Bayern** 1. - 4. Klasse (2002) Textiles Werken (TW) Kunsterziehung (KU)	**Lehrplan Bayern** 5./6. Klasse (2002) Textiles Werken (TW) Kunsterziehung (KU)
Akte Anderswo Kinder-Kleider in fremden Kulturen Japan und Mexiko	Gestalteter Lebensraum (TG 141, 283f); Interkulturelle Begegnungen (TG 143, 148, 217, 286; KU 276)	Kunstgeschichte, Kunstbetrachtung, außereuropäischer Bereich (KU 151)
Akte Auch haben wollen... Aber was? Labelkleidung, In-Sein, Razzia im Kleiderschrank	Bildnis und Selbstportrait (KU 131); Spiel/ Technik (TG 140); Ich und meine Mitmenschen neu gesehen (KU 206); Textiles Umfeld (TG 285)	Modetrends und textile Techniken in der Freizeitgestaltung erkunden (TG 156)
Akte Prinzessinnen und Prinzen Mädchen-, Jungenkleider, historische Kinderkleidung	Vorstellungswelten (KU 131); Gestalteter Lebensraum (TG 214, 283f)	Flächengestaltung für Kleidungsstücke und Heimtextilien, wie auch modisches Beiwerk (TG 205)
Akte Kinder, Kleider, Farben Lieblingsfarbe und Kleid, Klub-Kleidung,...	Menschen als Gestalter ihrer Welt (KU 126)	Kulturgeschichte der Farben und einer textilen Technik kennenlernen (TG 156)
Akte Zweite Haut Kleider und die Sinne, tarnen, schützen. Die Körpersilhouette verändern.	Ich und meine Mitmenschen neu gesehen (KU 130); Textiles Umfeld (TG 215, 216)	Flächengestaltung für Kleidungsstücke und Heimtextilien, wie auch modisches Beiwerk (TG 205)
Akte Spurensuche Kleider aufbewahren, ordnen, erinnern und mit fremden Blick betrachten.	Ich und meine Mitmenschen neu gesehen (KU 127); Handnähen (TG 216); Menschen als Gestalter ihrer Welt (KU 275); Zukunftsvisionen (KU 277)	Spurensuche und Dokumentation (KU 201); Einführung in das Maschinennähen (TG 156)

Akte K^2 ungelöst - Kinder - Kleider

Die ungelösten Fälle der Spione Aba und Kauke

Psst, hei – unauffällig, nicht so hinstarren... Wir sind Spione, anders gesagt Kleideragenten. Wir spionieren unter den Decknamen Aba und Kauke, tauchen plötzlich in Taschen auf, verstecken uns in Kleiderschränken, sitzen unsichtbar in Kapuzen und könnten gerade auch deinen Anorak ausspionieren. Du erkennst Kauke an der Baseballkappe, Aba am Hut. Wir tragen beide unauffällige Spionagebrillen und haben im wahrsten Sinne des Wortes magische Body-Bags, in denen wir alle Kleiderspuren verschwinden lassen können.

Wir sind in geheimer Mission unterwegs. Unser Auftrag lautet, die Geheimnisse rund um Kinder und ihre Kleider aufzudecken. In Akte K^2 ungelöst sind unsere zur Zeit anstehenden Fälle gesammelt. Hier nur einige Fälle unserer Spionagearbeiten: Warum will Oli unbedingt eine militärische Tarnhose tragen? Können Kleider lügen? Welche Kleidungsstücke verbergen sich in Kinderzimmerschränken? Ist das nun ein Junge oder ein Mädchen in den langen Kleidern? Wie kann sich Rotkäppchen am Wolf rächen? Was verbirgt sich alles in Lillys Koffer-Ich? Welches Geheimnis steckt hinter dem japanischen Kimono oder der bayerischen Lederhose? ...

Wer unsere Auftraggeber sind, verraten wir nicht. Zieh dir leise Sohlen an, blättere vorsichtig weiter. Du kannst uns auf den nächsten Seiten beim Lüften der Geheimnisse helfen. Wenn du bei uns einsteigen willst, brauchst du folgende Fähigkeiten:

- Fantasie
- Beobachtungsgabe
- Neugierde
- Die hohe Kunst der Verkleidens
- Ein wenig handwerkliches Geschick

Schlag deinen Kragen hoch und die Seite um und los geht's, folge unseren Spuren ...

Akte

Anderswo

Getarnt als Bayern spionieren Aba und Kauke das Mädchen Marie auf ihren Reisen nach Japan, Mexiko und in ihrer Heimatstadt Köln aus.

Nicht immer, nicht überall und schon gar nicht von jedem!

Abb. 1

Hallo, ich heiße Marie und bin 10 Jahre alt. Ich habe einen Bruder. Er heißt Tobias und ist 12 Jahre alt. Leider habe ich gerade von ihm kein Foto gefunden.

Heute kommen unsere Brieffreunde Emily und Tom zu Besuch. Sie wohnen mit ihren Eltern in Chicago, das ist eine Stadt in den USA. Ich kenne sie nur aus Briefen und habe sie noch nie gesehen. Kannst du dir vorstellen, wie neugierig ich bin?

Emily und Tom sind noch netter als in den Briefen. Plötzlich guckt Emily mich an und fragt: „Sag mal, wieso hast du kein Dirndl an?“ „Genau,“ ruft Tom. „Wo ist eigentlich die Lederhose von Tobias? Und Zöpfe hast du dir heute auch nicht gemacht!“

„Lederhose? Dirndl? Zöpfe?“ Tobias und ich gucken uns erstaunt an. Emily wird knallrot. „Ja aber, ich habe in einem Buch gelesen, dass das typisch deutsch ist.“

„Zeig mal her“, ruft Tobias. „Das möchte ich mit eigenen Augen sehen.“ Emily kramt aus ihrer Tasche ein Buch hervor und zeigt uns folgende Geschichte:

Typisch deutsch
Das ist Hansi Müller. Und das ist Gaby Schmidt. Zwei typisch deutsche Kinder.
Hansi Müller trägt wie jeden Tag eine Lederhose und ein kariertes Hemd.
Gaby Schmidt trägt ein Dirndl. Manchmal ein grünes, manchmal ein blaues, aber sonntags immer das schöne rote.
Morgens, vor der Schule, bindet Gaby ihre langen blonden Haare zu zwei dicken Zöpfen, isst ein Nutella-Brötchen, trinkt einen Becher Milch und steckt noch schnell eine Wurststulle für die Pause in ihren Tornister. Dann heißt es, sich beeilen, der Schulbus wartet nicht! Wie jeden Tag ist der Bus voller Mädchen und Jungen, wie Gaby und Hansi.
Mittags, wenn Gaby und Hansi von der Schule nach Hause kommen, wartet schon eine leckere Portion Eisbein mit Sauerkraut auf sie. Hin und wieder gibt es auch mal Kartoffelsalat und Würstchen. Hmmm, wie gut das duftet!
Nach den Hausaufgaben gehen Gaby und Hansi spielen. Gaby springt Seilchen oder Gummitwist, Hansi spielt mit seinen Freunden Fußball.
Genug gespielt, es ist schon 18.00 Uhr und die Mutter wartet mit dem Abendbrot. Wie immer gibt es belegte Brote. Dann zieht Gaby sich das Nachthemd an, putzt sich die Zähne und geht ins Bett. Hansi macht das Gleiche, aber er zieht natürlich einen karierten Schlafanzug an, schließlich ist er ein Junge. Beide schließen die Augen und freuen sich schon auf den folgenden aufregenden Tag.

„Das ist ja eine verrückte Sache. Klar gibt es bei uns in Deutschland Leute, die Dirndl und Lederhose tragen. Das ist eine Tracht in Bayern. Aber die tragen diese Sachen nicht unbedingt jeden Tag."
„Und wenn typisch immer für alle wäre, dann hättest du jetzt Cowboy-Sachen an, weil du aus Amerika bist. Aber du hast gar keine an und bist trotzdem aus Amerika."
„Mensch, ist das kompliziert mit all den Sachen und dem typisch. Vielleicht ist es ja *typisch* typisch, dass die Dinge typisch sind, aber dann auch wieder nicht."

Maries Familie zieht nach Japan um

„Mein Vater arbeitet für die deutsche Botschaft, deshalb ziehen wir oft um. Alle zwei Jahre wird er in ein anderes Land versetzt. Bisher haben wir schon

sie sind viel mehr als nur Schlappen oder Pantoffeln, wie ich sie bisher kannte! Als ich nach dem Fünf-Sieben-Drei-Fest nach Hause komme, denke ich mir, es gibt Hauskimonos für das Haus und Festkimonos für das Fest und da trägt man sie auch. Aber von wegen! Am nächsten Tag lerne ich schon wieder was dazu.

Meine Mutter und ich gehen im Park spazieren, als uns diese Hochzeitspaare (Abb.8) entgegen kommen. Und was sehe ich? Das linke Paar trägt Kimono und Geta. Das rechte Paar ist aber so gekleidet, wie ich es aus Deutschland her kenne. Ich muss sagen, jetzt lebe ich schon fast zwei Jahre in Japan und habe viel erlebt, aber mit dem „typisch" werde ich immer vorsichtiger. Nur eins weiß ich ganz gewiss: In Japan gibt es Kimonos!

Jetzt hast du schon einiges über Japan erfahren, schlage weiter nach z. B. im Lexikon oder schau dir Reisekataloge und -bücher an.

- Was wissen eigentlich andere Menschen in deiner Umgebung über japanische Kimonos? Führe Interviews oder erstelle einen Fragebogen.
- Suche ähnliche Kleidungsstücke wie den Kimono bei uns!
- Wie wäre es mit deinem ganz persönlichen Kimono? Wer Lust hat, das auszuprobieren, kann seinen eigenen Kimono herstellen und gestalten. Entsprechende Schnitte findest du in Büchern. Wenn du in der Bücherei nachfragst, hilft man dir bestimmt, passende Bücher zu finden. Wenn er fertig ist, kannst du ihn besticken, bemalen, bedrucken....

  Achtung! Es wird kein typisch japanischer Kimono, sondern deiner!

Mexiko, das Land der Hüte

Du kannst es dir bestimmt denken: Wir haben schon wieder die Koffer gepackt. Diesmal ziehen wir nach Mexiko, um genau zu sein nach Mexiko-City, der Hauptstadt. Holst du mit uns noch einmal die Weltkarte hervor und schaust nach, wo Mexiko liegt?

Nach drei Monaten habe ich mich schon gut eingelebt. Mexiko-City ist riesig groß: Hier leben über 20 Millionen Menschen. In Berlin leben vier Millionen. Ich habe gelesen, dass Mexiko-City die größte Stadt der Welt ist.

Emilio, Tobys Freund, versucht uns an der Nase herumzuführen. Heute steht er mit einem mexikanischen Hut, einer bestickten Jacke und einer Gitarre, so wie auf dem Foto, vor uns und fragt: „Na, sehe ich jetzt aus, wie ihr euch Mexikaner immer vorgestellt habt?“ „Komm hör auf damit!“, sagt Toby. „Ich trage ja auch keine Lederhosen bis zu den Knien.“

In den Ferien nimmt Emilio uns zu seinen Verwandten mit. In dem Ort, in dem sie leben, findet eine Fiesta statt. Das ist das spanische Wort für Fest. Heute wird das Fliegerspiel aufgeführt. Emilios Vater sagt, das Spiel sei so alt, dass niemand mehr genau wisse, wer es erfunden und was es genau zu bedeuten habe.

Abb. 9

Abb. 10

Emilios Cousin Diego begrüßt uns. Er ist ganz prachtvoll gekleidet, denn er wird bei dem Fliegerspiel mitmachen. Er erzählt mir, dass man an der Art der Kleidung erkennen kann, aus welchem Dorf oder welcher Gemeinde die Flieger kommen. Normalerweise machen die Flieger ihre Kappen und Brusttücher selber, deshalb sehen alle unterschiedlich aus.

Beim Zuschauen wird mir angst und bange. Hoffentlich halten die Seile. Und ich finde, der Pfahl ist sehr hoch: über 20 Meter! Aber Toby sagt, ich soll mich nicht so anstellen, wenn der kürzer wäre, dann wären sie gar keine richtigen Flieger.

Abb. 11

Wir kommen durch ein anders Dorf, in dem auch eine Fiesta stattfindet. Viele Mädchen und Frauen, die ich dort sehe, tragen sehr schöne Hüte. Sie sind mit Blumen und Flitter geschmückt. Ob sie wohl die Hüte oder den

Abb. 12

Hutschmuck selbst gemacht haben, so wie die Flieger, die wir getroffen haben? Ich weiß es nicht, weil ich keine Gelegenheit hatte, sie zu fragen.

Die Ferien sind zu Ende. Toby und ich sind wieder in Mexiko-City. Irgendwo im Keller muss ich noch einen alten Strohhut haben, ich weiß nur nicht genau wo! Mist, das bedeutet Suchen!!! Außerdem ist das Kellerlicht kaputt, so dass ich die Taschenlampe mitnehmen muss. Ich suche und krame, der Lichtkegel fällt in die eine Ecke des Kellers und dann wieder in die andere, je nach dem, wo ich hinleuchte. Und immer sehe ich nur einen Teil. Ich kann dir sagen, dass ist gar nicht so einfach sich zurechtzufinden, wenn man immer nur einen Teil sehen kann. Auf einmal kommt mir ein Gedanke: So ähnlich ist es, wenn ich mit meinem Fotoapparat durch Japan, Mexiko oder irgendein anderes fremdes Land laufe. Ich sehe immer nur **einen Teil** und immer nur das, wohin **ich** gerade sehe. Toby hat vielleicht ganz andere Dinge gesehen. Oft haben wir auch dieselben Sachen gesehen und anders darüber gedacht. Zum Beispiel bei dem Fliegerspiel: Da hat sich Toby sehr für das Fliegen und alles drum und dran interessiert und mir sind mehr die Kleidungsstücke ins Auge gefallen. Oh je, ist das kompliziert! Aber jetzt muss ich den Strohhut finden.

Wieder zu Hause in Köln

Hut ist nicht gleich Hut.

Marie möchte nach all den „Anderswo" Eindrücken

„Ihre Welt auf ihrem Kopf" gestalten.

Übrigens ist hier doch noch ein Foto von Toby. So sieht er meistens aus, wenn er mit seinen Freunden zum Skateboardfahren geht. Und weißt du, was nie fehlen darf? Seine Baseball-Kappe! Die trägt er immer falsch herum. Das findet er besonders cool.

Abb. 13

Kappen sind auch eine Art Hut. Das erinnert mich übrigens daran, dass ich meinen Strohhut immer noch nicht verändert habe. Aber wo finde ich gute Ideen? Mein Kopf ist irgendwie so leer! Mir will einfach nichts einfallen. Mama meint, wenn wir in die Stadt gehen, solle ich darauf achten, was die Leute für Hüte tragen. Das könnte mir helfen zu erfahren, welche Hüte und Kopfbedeckungen gerade in Deutschland modern sind. Keine schlechte Idee! Dann nehme ich auch gleich meinen Fotoapparat mit.

Papa gibt mir den Tipp, dass nicht alle Hüte modern sein müssen. Die Kochmütze sei schließlich auch eine Kopfbedeckung. Und Toby schreit aus seinem Zimmer: „Mein Fahrradhelm übrigens auch!“ Puh, das muss ich jetzt alles erst mal sortieren! Also: es gibt: Damenhüte, Kappen, Helme und Kochmützen. Dann fällt mir noch der Herrenhut ein. Und dir? Welche Hüte und Kopfbedeckungen kennst du?

Vielleicht finde ich auch ein paar Bilder von altmodischen Hüten: In alten Filmen habe ich schon ganz tolle gesehen. Brennend interessiert es mich auch, seit wann überhaupt Hüte getragen werden. Morgen gehe ich in die

Bücherei und gucke nach, ob es Bücher gibt, vielleicht sogar extra Hutbücher, die meine Fragen beantworten. Und im Internet gebe ich mal Suchbegriffe wie „Hut", „Kopfbedeckung" und so weiter ein.
Hilfst du mir, die Fragen zu sortieren? Wenn dir noch welche einfallen, kannst du sie auch in die Tabelle schreiben.

Frage	**Hier kann ich die Antwort finden**
Welche Hüte sind gerade modern?	Zeitschriften, Kataloge, Modezeitungen
Gibt es spezielle Festhüte?	Bücher, Internet
Warum tragen Menschen Hüte?	Menschen befragen
...	...

Ich habe ganz schön viel gefunden! Die Informationen sammele ich in einer Mappe oder mache mit meinen Freunden eine Ausstellung in der Schule.

Heute hat meine Oma etwas ganz besonderes mit mir vor. Wir gehen in eine Ausstellung. Sie heißt „Haupt-Sache Hut". Ich nehme meinen Fotoapparat mit, damit ich dir zeigen kann, was ich dort alles sehe.
Hast du so etwas schon einmal gesehen? Diese Frau trägt doch tatsächlich ein Segelschiff auf dem Kopf. Dass sie damit noch gehen kann!

Abb. 14

Ich hätte Angst, dass es mir herunter fällt.
Denk jetzt aber bloß nicht, dass der Mensch, der sich das ausgedacht hat, verrückt geworden ist. Direkt neben diesem Bild hängt ein ähnliches, auf dem eine Dame auch ein Schiff auf dem Kopf trägt. Das Bild ist schon sehr alt, es ist ungefähr von 1780. Die Menschen hatten schon damals ziemlich ungewöhnliche Ideen. Ob der moderne Künstler vielleicht das alte Bild gesehen hat?
Bei dem nächsten Bild muss ich laut loslachen, weil ich mir vorstelle, was passiert, wenn die Frau spazieren geht und ein Windstoß kommt. Huiiii..., und schon fliegt sie durch die Luft und segelt über die Stadt hinweg... Es sieht fast so aus, als ob die anderen Menschen die Frau festhielten. Oder hat sie sich mit ihrem Riesenhut in der Straßenlaterne verhakt und muss nun befreit werden? Ob so eine Kopfbedeckung wohl „Sturmhaube“ heißt oder ist das etwas ganz anderes?[1]

Abb. 15

Abb. 16

[1] Sturmhauben sind dünne Schalmützen aus Baumwolle, die Motorradfahrer häufig unter ihrem Helm tragen.

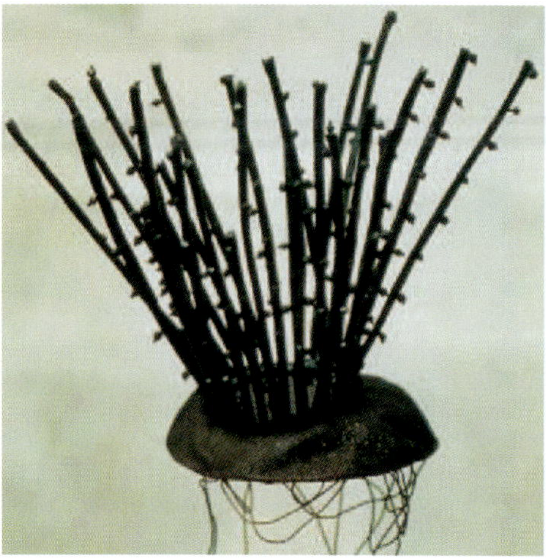

Der nächste Hut, den ich dir zeige, ist ziemlich modern. Ein bisschen komisch sieht er schon aus, aber er gefällt mir sehr gut. Oma und ich geben ihm heimlich Namen. Wir können uns aber nicht entscheiden zwischen „Winterwald“, „Lakritzstangenhut“ oder „Igelkappe“. Hast du vielleicht eine bessere Idee?

Abb. 17

Abb. 18

Wir haben uns gefragt, ob die beiden Damen, besonders die obere, mit einem Möbelwagen fahren statt mit einem normalen Auto. Wenn man sie sieht, möchte man es sich gleich auf ihren Köpfen bequem machen!

Abb. 19

Jetzt zeige ich dir meine Lieblingshüte:
Meine beiden Lieblingshüte sehen wie kleine Landschaften aus. Es kommt mir so vor, als trügen die Frauen kleine Welten auf ihren Köpfen. Ich muss an meinen Legokasten und mein Playmobil denken und habe plötzlich eine Idee! Statt meinen alten Hut einfach nur zu schmücken, könnte ich eine kleine Welt darauf bauen – meine Fantasie-Welt, die ich im Kopf habe.
So wie die beiden auf den Bildern Landschaften oder Bootsfahrten lieben, finde ich Urlaub am Meer toll. Ich denke oft an den Sand, die Sonnenschirme, Volleyball spielen, die Strandbuden und noch tausend andere Dinge. Wenn ich so einen Hut mache, könnte ich von Oma lernen, wie man aus verschiedener blauer Wolle Wellen für das Meer häkelt. Und ich könnte viele kleine Zöpfe flechten und Pompons aus Wolle als Wasserbälle daran hängen. Oft denke

Abb. 20

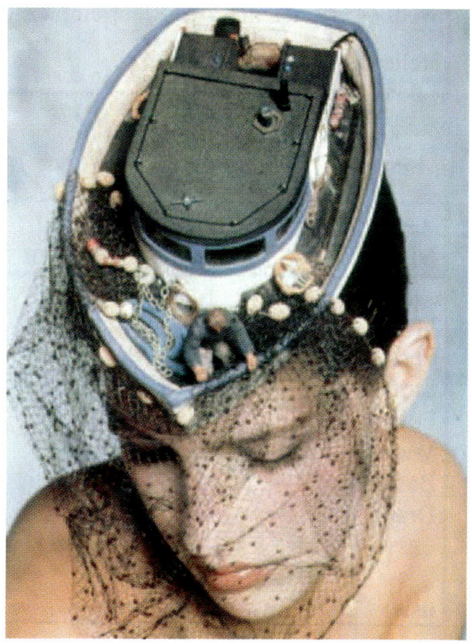

Abb. 21

Und wie ist das heute bei dir und den anderen Kindern, die du kennst? Führe eine Razzia in deinem Kleiderschrank durch und stelle eine Fotokarte von dir her. Die Fragen und Anregungen auf dieser Seite können dir bei der Razzia behilflich sein.

Wie eine Fotokarte für eine Razzia aussehen kann, hast du bereits gesehen. So eine Karte kannst du auch für dich erstellen. Was du brauchst:

- nicht zu dicke Pappe - Tonpapier
- Klebstoff
- eine Schere
- ein Foto von dir
- einen Stift, um deine Ergebnisse zu notieren.

Es kann praktisch sein, deine Kleidungsstücke für die Razzia in Gruppen zu unterteilen, z.B. in Sommerkleidung - Winterkleidung oder Alltagskleidung - Sportkleidung - Festtagskleidung. Fallen dir noch mehr Gruppen ein, mit denen du deine Kleidung für die Razzia sortieren kannst?

Wenn du die Razzia durchgeführt hast, vergleiche deine Ergebnisse mit den Karten von Anna, Eduard, dem unbekannten Kind oder Dorothea. Stellst du Unterschiede und Ähnlichkeiten fest?

Führe eine solche Befragung auch in deinem Freundeskreis durch. Du wirst erstaunt sein, wie unterschiedlich die Antworten sein können. Vergleiche die Ergebnisse mit denen deiner Klassenkameraden.

Es ist dein Glückstag, du bekommst von jedem Mitspieler ein Kleidungsstück.

Schenke deinem Lieblingsmitspieler ein Kleidungsstück und gehe ein Feld vor.

Du darfst dir von einem Mitspieler ein Kleidungsstück aussuchen, musst dafür aber 1x aussetzen.

Du wirst bestohlen. Lege dein bestes Kleidungsstück ins Ziel und gehe ein Feld zurück.

Mindestspielerzahl: 4

Jeder Spieler braucht die „Razzia"-Karten des eigenen Kleiderschranks.

Natürlich braucht ihr dann nicht eure gesamte Kleidung mit in die Schule zu bringen. Aber mindestens 10 Kleidungsstücke sollten es schon sein.

Wenn alle Kinder im Ziel angekommen sind, macht erneut Razzia.
Wie fühlt ihr euch nun?
Was hat sich verändert?

Razzia im Kleiderschrank

Ein Würfelspiel

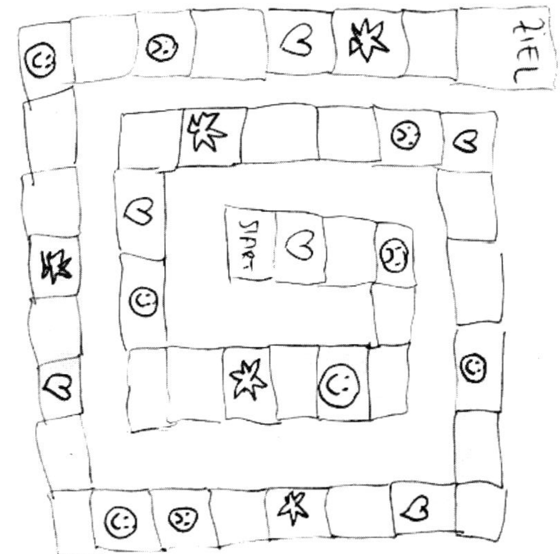

Bei gutem Wetter könnt ihr das Spiel auch draußen spielen. Besorgt euch Straßenkreide und malt das Spielfeld auf dem Boden auf. Um einen großen Würfel zu bekommen, könnt ihr einen Karton nehmen, den ihr wie einen Würfel bemalt.

Kleider können lügen.

Hedwig Weiß wird 1900 in Hannover geboren. Ihre Eltern sind sehr reich. Die Familie zieht bald nach Berlin und Hedwig beginnt mit zehn Jahren ein Tagebuch zu führen, um all das Spannende, was um sie herum passiert, nicht zu vergessen.

28.04.1910 Der Schneider ist heute gekommen und hat mein neues Sonntagskleid da gelassen. Es ist wunderschön und ganz und gar aus weißer Spitze. Beim Gehen blitzt das rosa Unterkleid lustig hervor. Beschwerlich ist das Tragen des gestärkten Rocks. Er steht ab und die vielen Spitzen kratzen und stören mich beim Spielen. Doch Mama sagt, dass ich aussehen soll wie eine feine junge Dame und nicht wie ein Arme-Leute-Kind.

Abb. 5

Abb. 6

30.04.1910 Am Abend saßen wir im Salon beisammen. Papa las die Zeitung, Klara spielte auf dem Klavier, Mama und ich stickten. Das Schnupftuch, das ich Papa zum Geburtstag schenken möchte, ist fast fertig geworden.

Abb. 7

06.05.1910 Mir ist es streng verboten, mit den Kindern im Hinterhof zu spielen. Sie sind blass und sehen krank aus und tragen farblose, geflickte Kleider. Vater sagt, im Hinterhaus gingen Kinderkrankheiten wie Masern und Diphterie um. Trotzdem habe ich es geschafft, Kontakt zu knüpfen mit einem Mädchen, das mir gut gefällt. Ich habe Süßigkeiten stibitzt und sie an einem Strick in den Hof hinuntergelassen. Das Mädchen hat gelacht, sich gefreut und mir gewunken herunterzukommen.

Abb. 8

10.05.1910 Am Abend konnte ich nicht schlafen. Ich bin auf die Fensterbank gestiegen und habe die Leute aus dem Hinterhaus beobachtet. Es schien mir, als ob die Familie nur ein Zimmer besitze. Betten standen da und ein Ofen. An dem Tisch sah ich eine Frau und das nette Mädchen. Ich glaube, sie haben Kleider geflickt. Um den Tisch rannten einige Kinder wie wild herum. Einen Vater konnte ich nirgends entdecken.

Abb. 9

14.05.1910 Ich denke oft an die Leute im Hinterhaus. Ich will dem netten Mädchen eines meiner Kleider schenken. Ich habe versucht, mit meiner Freundin Sophie darüber zu sprechen, doch sie hat mich nur ausgelacht und gesagt: „So hat Gott die Welt geschaffen. Jeder Mensch hat sein Kreuz zu tragen." Ob das stimmt?

- Was erfährst du über die beiden Mädchen?
- Woran erkennt Hedwig, dass die Menschen aus dem Hinterhaus arm sind?
- Beide Mädchen sind abends damit beschäftigt zu handarbeiten. Welche Unterschiede kannst du feststellen?
- Welche Formen von Armut und Reichtum kennst du? Woran meinst du, kann man erkennen, ob jemand arm oder reich ist?

Hedwig trägt weiße Kleider aus Spitze und feinen Materialien. Hedwigs Kleider erzählen dem Mädchen aus dem Hinterhof, dass Hedwig aus einer Familie kommt, die Geld hat und reich ist. Die Kleider berichten aber nicht, ob Hedwig glücklich ist.
Die Kleidung des Mädchens aus dem Hinterhof ist grau, geflickt und aus derbem Material. Daran erkennt Hedwig, dass das Mädchen aus einer armen Familie kommt. Aber auch die Kleider des Hinterhofmädchens verschweigen, wie es sich fühlt oder wie es dem Mädchen geht.
Kleider können lügen. Stell dir vor, Hedwig und das Mädchen würden ihre Kleider tauschen.

Erfinde eine Lügengeschichte mit Kleidern.
Verkleide dich mit Kleidern so, dass die anderen dich für eine andere Person halten. Z.B.:

- Zieh dich wie ein Erwachsener an
- Verkleide dich als Fußballer
- Versuche deine Lehrperson nachzuahmen
- ...

Wenn du nicht mit Kleidern lügen willst, dann sei ehrlich: Zieh dich so an, dass die anderen sofort erkennen, was du mit deinen Kleidern ausdrücken willst.

Dabei sein = In sein?

Donald trägt ihn schon seit Jahrzehnten. Tick, Trick und Track aber nicht! Die Söhne des Kaisers Wilhelm II. trugen ihn.

Abb. 10

Im Winter blau.

Im Sommer weiß.

Abb. 11

Abb. 12

Auch die Kinder dieser großen Familie trugen ihn. Die Liste könnte endlos weitergeführt werden. Die Rede ist vom ____________________

Erstmals erwähnt wird der Matrosenanzug in Deutschland im Jahr 1773. Aber so richtig in Mode kommt er, als der deutsche Maler Franz Winterthaler 1846 den fünfjährigen englischen Prinzen von Wales in einem Matrosenanzug malt (Abb. 11). Die Mütter des damaligen englischen Adels finden den kleinen Prinzen in seiner Seemannsuniform so hinreißend, dass sie beginnen, ihre eigenen Söhne genauso zu kleiden. Fünfzehn Jahre bleibt die Matrosenkleidung einzig den adeligen Kindern vorbehalten, dann wird sie langsam aber sicher für lange Zeit das beliebteste Kleidungsstück aller Schichten.

Schaut euch mal dieses Klassenfoto von 1924 an und zählt, wie viele Kinder einen Matrosenanzug tragen!

Abb. 13

Auf dem Foto kann ich _______ Kinder mit Matrosenanzügen zählen.

Matrosenanzug war nicht gleich Matrosenanzug!

Hans Fallada, ein deutscher Schriftsteller, der von 1873 - 1947 gelebt hat, besaß als Kind zwar einen Matrosenanzug, aber er verbindet auch schmerzvolle Erinnerungen mit diesem Kleidungsstück:

> „Ich ging auf das Prinz-Heinrich-Gymnasium, womit gesagt werden soll, daß dort in der Hauptsache die Söhne vom Offiziers- und Beamtenadel, auch von reichen Leuten die Schulbank drückten. Meine Eltern aber waren für äußerste Sparsamkeit, so kam es, daß ich, war eine Hose durchgerutscht, keine neue bekam, sondern daß meine Mutter ein paar handfeste Flicken in die arg verwundete setzte. Da sie nun aber oft keinen genau passenden Stoff hatte, so wurden ohne erhebliche Hemmung auch andere Stoffe dafür gewählt. (...)
> Wenn die große Pause gekommen war, die wir alle auf dem Schulhof verbringen mußten, machte Laban sich an mich heran, bugsierte mich viel Schwächeren in die Ecke des Hofes, wo wir vor den Augen des aufsichtführenden Lehrers einigermaßen sicher waren, und begann ein Gespräch mit mir, über Näh- und Flickarbeiten etwa. (...)
> Da könnte man eben nichts machen, es gebe heile Familien, und es gebe geflickte Familien. Es sei nur gut, daß ein Exemplar auf diesem Gymnasium vertreten sei, als Anschauungsmaterial..."

Hans durfte nicht richtig mitspielen und musste der Prügelknabe sein, den man auslachte oder als „geflicktes" Kind beschimpfte.

Auch bei uns gilt: Turnschuhe sind nicht gleich Turnschuhe oder Jacke nicht gleich Jacke. Welche Kleidungsstücke, sind heute genauso beliebt, wie damals Matrosenanzüge und werden deshalb von ganz vielen Kindern getragen? Setzt euch in Gruppen zusammen und versucht herauszufinden, welche Kleidungsstücke das sind.

Um zu einer Gruppe dazuzugehören, zieht man häufig ähnliche Kleidung an. Von preiswert bis teuer ist alles vertreten. Wie geht ihr in euerer Klasse damit um? Macht ein Plakat mit den bevorzugten Kleidungsstücken und schreibt Geschichten, wie man dem Jungen mit dem geflickten Matrosenanzug oder einem heutigen Kind ohne Markenkleidung helfen kann, trotzdem dazu zu gehören.

Akte
Prinzessinnen und Prinzen

Aba und Kauke spionieren hinter Schloss und Riegel.

Was Prinzessinnen und Prinzen früher so alles anziehen mussten.

Emanuel hat von seiner Mutter zwei kleine Geschichten bekommen, die von Prinzessinnen und Prinzen erzählen.

Abb. 1

Wenn ich mich kurz vorstellen dürfte: Ich bin die Infantin Margarita, eine spanische Prinzessin und im Jahre 1651 geboren. Auf dem Bild bin ich acht Jahre alt und damit schon erwachsen. Ich trage hier eins meiner besten Kleider. Es ist aus Brokat und reich mit Silberbändern verziert. Ich liebe Brokat! Das ist ein gemusterter Seidenstoff, der teilweise aus Goldfäden gewebt ist. Damit der Rock so weit absteht, trage ich darunter einen Reifrock. Das ist ein Unterrock, in den mehrere Holzringe eingenäht sind. Bevor ich das Kleid anziehe, hilft mir meine Dienerin, ein Korsett anzulegen. Das ist auch eine Art Gestell aus Holz-, Eisen- oder Fischbeinstäbchen, das ganz eng um meine Taille geschnürrt wird, damit ich besonders schlank aussehe. Manchmal wird dieses Mieder so lange eng gezogen, bis meine Taille nur noch einen Umfang von 30 cm hat. Miss doch mal mit einem Zentimeterband deinen Taillenumfang! Jetzt kannst du bestimmt gut verstehen, warum mir das Mieder weh tut. Es ist so eng zugezogen, dass ich kaum noch Luft kriege und manchmal ohnmächtig umfalle.

Richtig spielen kann ich in meinem Kleid nicht, dann brechen die Holzreifen durch. Auch sonst ist das Kleid ziemlich unpraktisch. Der Rock ist so breit, dass ich nur seitlich durch die Türen gehen kann. Sich gemütlich hinzusetzen, ist unmöglich.

Alle meine Kleider bestehen aus wertvollen Stoffen wie Brokat, Samt oder Seide und sind sehr schwer zu reinigen. Da wir von Hand waschen trage ich sogenannte Stelzenschuhe, so dass meine Kleider nicht über den Boden wischen. Na ja, zum Gehen sind sie nicht das Praktischste, aber Hauptsache meine kostbaren Kleider werden nicht schmutzig. Vielleicht findet ihr das ein bisschen komisch, aber so ist bei uns die Mode in Spanien im Jahr 1659. Außerdem dürft ihr nicht vergessen, dass ich eine Prinzessin bin und das soll jeder sehen. Darum muss ich prachtvoll gekleidet sein, genauso wie meine Mutter, die Königin.

Abb. 2

Hier seht ihr meinen älteren Bruder Prinz Baltasar Carlos. Auf dem Bild ist er etwa 10 Jahre alt. Er soll bald die Nichte unseres Vaters, Marianne von Österreich, heiraten. Mein Bruder ist sehr stolz auf seine Kleidung. Ein Junge bekommt mit etwa 6-7 Jahren sein erstes Paar Hosen und wird von da an nicht mehr als Kind, sondern als Mann behandelt. Seine Kleidung ist sehr kostbar. Der Wams, so nennt man die Jacke mit dem kleinen Schoß, seine Kniehose und der Umhang sind aus schwarzem Samt. Schaut euch nur mal an, wie herrlich kunstvoll sie mit Bordüren, Gold- und Silberknöpfen verziert und bestickt sind. Die grauen Strümpfe, Ärmel und der große abstehende Kragen ergänzen seine Garderobe vorzüglich. Auf den Degen, den er auf diesem Bild bei sich hat, ist er besonders stolz. Ich finde, man sieht es meinem Bruder auf den ersten Blick an, dass er der künftige Thronfolger ist. Er sieht schon fast genauso majestätisch wie unser Vater, der König, aus.

Baltasar und ich sehen unsere Eltern nicht so häufig. Die meiste Zeit verbringen wir mit unseren Zofen und Hofmeistern. Das sind die Leute, die uns feine Manieren beibringen und was man als Prinzessin und Prinz sonst noch wissen muss. Manchmal ist das ganz schön anstrengend! Aber ich bin auch sehr stolz darauf, dass ich lesen und schreiben kann, denn in der Zeit, in der ich lebe, gibt es keine Schulen wie bei euch. Nur die Kinder von ganz reichen Familien haben das Glück, Hauslehrer zu haben.
Ich mag es besonders, wenn mein Lehrer uns Rätsel aufgibt. Heute hat er mich gefragt, ob ich selbst ein Rätsel für euch machen möchte. Hier ist es: Du kannst es ganz leicht lösen, wenn du das, was ich dir über mich und meinen Bruder erzählt habe noch einmal genau durchliest. Die Zahlen vor den Kästchenreihen im Kreuzworträtsel zeigen dir an, in welche Reihen du die Lösungen eintragen musst. Die Buchstaben in den grauen Kästchen ergeben in der richtigen Reihenfolge gelesen ein Lösungswort.

1. spanischer Ausdruck für Prinzessin
2. Unterrock, der durch Holzringe dem Kleid eine Form gibt
3. gemusterter Seidenstoff, teilweise mit Goldfäden gewebt
4. Name eines spanischen Prinzen
5. hohe Schuhe, die auch schon Kinder im 17. Jahrhundert getragen haben
6. Schnürleibchen, das die Taille sehr schlank erscheinen läßt
7. Name einer spanischen Prinzessin, 1651 geboren
8. kurze, enganliegende Herrenjacke
9. unter den Knien abgebundene Männerhose
10. langer Dolch, Stichwaffe
11. Tochter einer Königin
12. Materialien, aus denen Kleidung gemacht wird

Lösung:

1	2	3	4	5	6	7	8	9	10	11	12	13	14

Gebaute Kleider

Bestimmt hast du auch noch einige Fragen oder Bemerungen zu dem Bild. In dieses Kästchen kannst du ein Foto von dir hinein kleben und in den Sprechblasen deine Fragen notieren.

Puh, so riesige Kleider! Die sind ja fast so breit, wie die Prinzessin groß ist. Ob sie sich Gestelle darunter gebaut haben?

So klein und schon Prinzessin?

Wie gehen die wohl auf die Toilette?

Guck mal Emanuel: Die anderen Frauen haben auch solche Kleider an. Das kommt mir schrecklich unbequem vor. Stell dir mal vor, wir würden solche Kleidung tragen. Ich käme bestimmt nicht mehr auf mein Fahrrad!

Die Leute sehen alle so festlich aus. Vielleicht bereiten sie sich ja gerade auf eine ganz große Feier vor.

Abb. 3

Abb. 5

Meinst du, dass sich die Leute in diesen riesigen Kleidern wohl fühlen?

Das Bild habe ich schon mal in echt gesehen. In einem spanischen Museum. Es ist riesengroß.

Du Melanie, ich habe ein Idee: Meine Mutter ist doch aus Spanien. Vielleicht weiß sie ja mehr über die Prinzessin.

Nicht nur die Frauen tragen große Kleider. Der Junge, der fast auf den Hund tritt, hat eine Pluderhose an.

Abb. 4

Die kleine Frau vorne auf dem Bild sieht echt ein bisschen merkwürdig aus und sie guckt auch so geheimnisvoll. Ich glaube, sie ist eine Zwergin.

Abb. 6

Guck mal Emanuel, das Bild habe ich in einer Modezeitung meiner Mutter gefunden. So ein Gestell hat Margarita vielleicht auch unter ihrem Rock an.
Ich habe eine Idee: Wenn ich mir so ein Kleid baue, dann nehme ich ein altes Salatsieb als Gestell unter meinen Rock!

Oder soll ich doch lieber einen Korb nehmen?

Ich hätte Lust mir einen Rock zu bauen - auch als Junge!

Komisch, ich habe immer gedacht, solche ausgestopften Sachen wären nur was von ganz früher. Aber das Bild habe ich in einer Zeitschrift meiner Schwester gefunden.
Meine Pluderhose mache ich so ähnlich. Vielleicht kann ich sie mit Luftballons oder gefüllten Plastiktüten ausstopfen.
Was meinst du?

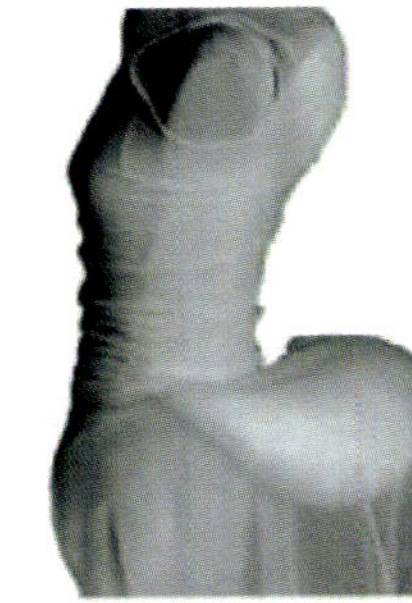

Abb. 7

Es sieht fast so aus, als ob dieser Rock aus Plastiktüten und Schläuchen gemacht wäre.
Man kann auch ganz genau erkennen, wie die Kleiderbauer die Reifen befestigt haben.

Abb. 8

Diese Frau hat auch ein ganz modernes Reifrockkleid an. Ich finde, es sieht aus wie ein riesiger Nylonstrumpf mit Hula-Hoop-Reifen. In unserem Keller liegen auch noch welche rum. Ich frage mal meine Eltern, ob ich sie für mein Kleid nehmen kann. Dann hätte ich einen richtigen Reifrock.
In der Zeitung stand übrigens, das Kleid heißt „Humpelrock". Lustig oder?

Jetzt brauchen wir auch noch Bilder von einem modernen Wams und modernen Miedern. Ob uns jemand bei der Suche hilft?

Guck dir mal die Schuhe an, die die Frau trägt. Das sind schon fast Stelzenschuhe.
Das erinnert mich an meine Schwester: Die ist letzte Woche mit ihren Plateau-Schuhen umgeknickt, danach konnte sie auch nur noch humpeln.

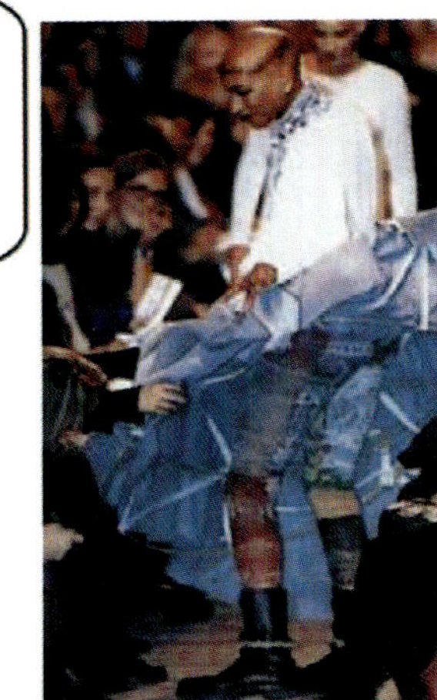

Abb. 9

Puh, endlich habe ich mein Prinzessinnenkleid fertig. Es ist ganz toll geworden. Der Rock aus Luftblasenfolie knistert und raschelt elegant beim Gehen.
Wusstest du eigentlich schon, dass man diese Zeit „**Barock**“ nennt?
Kein Wunder, dass die Leute auf dem Bild von dem Ballsaal so steif dastehen.
Meine Pumphose fühlt sich auch ganz anders an, als die Hosen, die ich sonst so trage. Ich muss mich merkwürdig bewegen und kann gar nicht Fussball spielen oder Inline skaten. Und mein Wams ist so eng, dass ich nur kerzengerade stehen kann.
In der Bücherei habe ich ein Buch gefunden, das von einem Fest aus der damaligen Zeit erzählt. Ich lese dir mal vor, was der Koch auf seiner Einkaufsliste stehen hatte: 113 ganze Hirsche, 2229 Hasen, 370 Ochsen, 2500 Hühner, 5960 Forellen, 40837 Eier, 39 Tonnen Fett, 1787 Eimer Rheinwein, 2000 Eimer Ungarwein... Da stand noch viel mehr. Ich würde bestimmt morgen noch lesen, wenn ich dir alles aufzählen wollte.
Das ist ja Wahnsinn! Und ich hab gedacht, meine Eltern würden viel einkaufen, wenn Weihnachten oder Ostern vor der Tür stehen.
Vielleicht steht in deinem Buch ja auch, wie man sich benimmt, wenn man als Prinz oder Prinzessin auf ein Fest geht. Wir dürfen auch nicht vergessen, passende Musik zu besorgen.
Komm Emanuel, wir machen schon mal eine Liste, was wir für unser Schlossfest in der Klasse alles brauchen. Die anderen Kinder können uns ja morgen helfen, die Liste fertig zu schreiben.
Ich hätte unheimlich gerne Kerzen, so wie auf dem Bild. Und dunklen Trauben- oder Kirschsaft. Das sieht dann aus wie Wein.

Abb. 10

Zum Verwechseln ähnlich

Abb. 11

Gestatten, Henry, Sohn seiner Majestät des Königs James IV von England und I von Schottland. Das Bild, auf dem ihr mich mit zweien meiner Geschwister seht, ist schon fast 400 Jahre alt und hängt in einem Museum in England. Aber so eine Unverschämtheit! Viele Leute glauben, wir wären drei Schwestern, bloß weil wir lange Röcke tragen. Dabei steht unter dem Bild dick und fett, dass wir Henry, Charles und Elizabeth heißen. Wenn du ganz genau hinschaust, kannst du an den Gegenständen und dem Schmuck erkennen, wer von uns ein Junge und wer ein Mädchen ist.

Das linke Kind ist ein ________________, weil________________ ________________ ________________	Das mittlere Kind ist ein________________, weil________________ ________________ ________________	Das rechte Kind ist ein________________, weil________________ ________________ ________________

Die Lösung findest du auf der nächsten Seite. Da kannst du deine Ergebnisse vergleichen. Aber nicht schummeln!

Links stehe ich, Henry. Ich trage ein kurzes Schwert an meiner Hüfte und halte einen kleinen Jagdhund an der Leine. Außerdem habe ich eine Schärpe an, so wie ein Ordensband. Rechts steht Elizabeth. Sie hat sich eine Blume in die Haare gesteckt. In der Mitte sitzt Charles. Er trägt ein Band, an dem ein Wolfszahn hängt. Der Wolfszahn soll gegen Krankheiten und böse Geister schützen. In der Hand hält er eine Puppe. Das ist zwar nicht typisch Junge, aber Charles ist noch ganz klein, da darf er noch mit Puppen spielen.

Jetzt bist du ja schon recht fit im Ganz-Genau-Hingucken. Mal sehen, was du bei dem Landgrafen und seiner Familie an typischen Mädchen- und Jungenspielzeugen entdecken kannst, die kleineren Kinder tragen ja wieder alle Röcke.

Abb. 12

Und wie ist das heute? Welche Kleidungsstücke tragen sowohl Jungen als auch Mädchen? Macht ein Klassenfoto. Zieht eure Lieblingssachen an und bringt ein Spielzeug, ein Buch, eine CD oder etwas anderes mit, das ihr besonders mögt. Stellt euch dann nach Jungen und Mädchen auf und untersucht, ob es heute typische Unterschiede in Kleidung und Spielzeug gibt oder nicht.
Findet ihr Gründe, warum es typische Mädchen- und Jungenkleidung gibt? Tauscht doch mal heimlich euere Kleider oder spielt ein Kostümfest: Mädchen müssen Jungen darstellen und Jungen müssen Mädchen spielen!

Prinzessinen und Prinzen heute – Gebt euch zu erkennen!

Das Mädchen auf diesem Foto heißt Prinzessin Madeleine von Schweden. Auf den ersten Blick habe ich sie nicht für eine Prinzessin gehalten. Das liegt wohl daran, dass

____

____

____

Abb. 13

Auch der Junge auf diesem Foto ist ein echter Prinz. Und zwar ist es der hier 16-jährige Prinz William von England.

Er sieht gar nicht so aus, wie ich mir einen zukünftigen König vorstelle. Mit den Jeans und den Turnschuhen ähnelt er eher meinem großen Bruder.

Es muss doch irgend etwas geben, woran man einen Prinzen oder eine Prinzessin erkennen kann!

Abb. 14

Abb. 15

Ich habe noch ein Foto von Prinzessin Madeleine gefunden. Schon besser! Darauf sieht sie wirklich sehr elegant aus.
Aber eine Prinzessin stelle ich mir ganz anders vor.

Wie wäre es, wenn ihr in der Klasse eine Modenschau vorbereitet, in der ihr eure Kleidungsvorschläge für die Traumprinzessin oder den Traumprinzen vorführt.
Sammelt Bilder von modernen Prinzen und Prinzessinnen, die ihr in Zeitschriften oder Magazinen findet.

Akte
Kinder, Kleider, Farben

Aba und Kauke sehen rot.

Mario liebt Blau.

Mario sagt, seine Lieblingsfarbe ist Blau. Er liebt die Farbe so sehr, dass er fast nur noch blaue Sachen trägt. Und wenn man ihn fragt, was er am liebsten isst, dann schreit er: „Blaubeereis natürlich!“ Wenn er Zeit hat, liegt er auf dem Rücken im Gras und schaut in den Himmel. Dann träumt er, einmal Matrose zu werden. Dann kann er eine schicke blaue Uniform tragen. Er segelt auf den Weltmeeren und ist rings herum von blauem Wasser umgeben. Leider dauert es noch endlos viele Jahre, bis es soweit ist.

So beschließt er eines morgens, dass er sofort sein Zimmer ganz blau streichen will, alle Möbel blau lackieren und sogar seine gesamte Kleidung blau färben möchte. Aber seine Eltern sind überhaupt nicht begeistert. „Du bist wohl wahnsinnig geworden!“, toben sie. „Der schöne weiße Schrank! Der wertvolle Holzschreibtisch – ein Erbstück von Opa. Wenn du groß bist, kannst du deine Wohnung so einrichten wie du willst, aber jetzt bleibt alles wie es ist und zwar **weiß**. Basta!!“ Mario ist wütend und läuft heulend in sein Zimmer. „Immer nur was die wollen“, schreit er. „Nie darf ich mal der Bestimmer sein.“

So sauer war Mario noch nie. Aber plötzlich hat er eine Idee. Schon seit über einer Stunde ist kein Ton mehr aus Marios Zimmer zu hören. „Ich halte das nicht mehr aus“, sagt die Mutter. „Ich schau jetzt nach, was da los ist!“ Vorsichtig öffnet sie die Türe und traut ihren Augen nicht. Alles im Zimmer ist blau: das Bett, die Wände, der Schrank. Und mittendrin sitzt ein lachender Mario mit blauen Haaren, blauer Haut und blauer Kleidung. Die Mutter kann es nicht fassen. Auch sie ist ganz blau geworden!

Kannst du dir vorstellen, was Mario gemacht hat? Die Lösung findest du auf der nächsten Seite. Aber nicht gleich nachgucken! Überlege dir erst einmal einige Lösungsmöglichkeiten.

Mario hat die Zeit genutzt, alle seine Lampen mit blauscheinender Folie zu umhüllen und ist so seinem Traum ein kleines Stückchen näher gekommen.

Auch ihr könnt eurer Kleidung und eurem Klassenraum durch farbiges Licht ein ganz neues Aussehen geben. Was ihr braucht sind:

Folien in euren Lieblingsfarben
genügend Lampen, z. B. vom Overhead- oder Diaprojektor
weiße Laken

und schon kann es losgehen.
Mit den Laken teilt ihr das Klassenzimmer in mehrere kleine Räume auf, so viele, wie ihr Lieblingsfarben habt. Wenn ihr die farbigen Folien auf den Overhead- oder Diaprojektor legt, beleuchtet er den Raum in der jeweiligen Farbe.

Hier sind einige Vorschläge, die ihr mit euren Ideen ergänzen könnt.

Ganz in Weiß
Alle Kinder eurer Klasse kommen ganz in Weiß gekleidet zur Schule.
Geht in die einzelnen Farbräume und lasst euch von dem Licht einhüllen.
Wie wirken die Farben auf euch?
Fühlt ihr euch in einem Raum wohler als in einem anderen?

Farben-Forscher
Ihr kleidet euch wie immer und geht in die einzelnen Farbräume.
Was passiert mit eurer Kleidung?
Wie verändert sie sich?
Beobachtet euch selbst und die anderen Kinder genau.
Macht euch Notizen zu euren Beobachtungen und führt dann eine Farben-Forscher-Fachkonferenz durch.

Farb-Spezialisten
Jedes Kind kleidet sich in der Farbe, die sein Lieblings-Farbraum hat. Also nur grün, pink usw.
Ihr könnt auch Gäste aus den anderen Räumen zu euch einladen oder andere Räume besuchen gehen. Was passiert dann mit eurer Kleidung?
Um gute Gastgeber zu sein, solltet ihr auch etwas zu essen und zu trinken für eure Gäste parat halten. Denkt aber daran, dass ihr nur Dinge in der Farbe eures Farbraumes mitbringt!

Farb-Sammler
Legt große Pappen oder Papiere in den Farbräumen aus. Darauf könnt ihr alles kleben, malen, schreiben, sammeln, was ihr mit der jeweiligen Farbe verbindet oder was euch zu der Farbe einfällt.
z. B.: Rot wie Blut, Kirschrot, Feuerrot. Rot ist die Liebe usw.
Macht daraus eine Schulausstellung.

Fan - Klub - Kleidung

Mein Bruder Jan denkt immer nur an Eishockey, um genau zu sein an die Mannschaft der DEG. Das ist die **D**üsseldorfer **E**ishockey **G**emeinschaft. Rot und Gelb sind Jans Lieblingsfarben, weil es auch die Farben der DEG sind. Er geht niemals ohne sein rot-gelbes Fan-Trikot ins Eisstadion. Und Oma hat ihm einen drei Meter langen Schal gestrickt: natürlich in den Farben Rot und Gelb. Sogar Jans Tornister und Mäppchen für die Stifte sind rot und gelb.

Aber warum sich der Verein diese Farben ausgesucht hat, das kann Jan mir nicht sagen.

Heute Morgen beim Frühstück zeigt Papa uns folgende Zeitungsmeldung:

RHEINISCHE POST **DÜSSELDORFER SPORT** 6. Juni 2000 – Nr. 130

Viktors neue Kleider (und die der anderen)

Fans sollen Design entwerfen.

Keine schlechte Idee. Die DEG hat einen Wettbewerb ins Leben gerufen, mit dem sie die Fans an der Gestaltung der neuen Trikots beteiligen will.

Die Idee stammt von Sportobmann Rolf van Hauten. Bis zum 15. Juni können die Teilnehmer ihre Vorschläge an die DEG-Geschäftsstelle schicken. Der Gewinner erhält das erste neue Trikot der Saison 2000/2001 mit Rückennummer und Spielernamen seiner

Abb. 1: Viktor Gordiouk im bisherigen DEG-Trikot.

Wahl. Für echte Fans sicher ein besonderer Anreiz, sich Gedanken über Formgestaltung der Trikots zu machen.
Vorgegeben sind folgende Eckpunkte: Die Vereinsfarben Rot und Gelb müssen es sein. Sicher ist auch, dass die Hose (zuletzt rot) und Helm blau sein werden. „Wir sind gespannt, was den Leuten so einfällt“, sagt van Hauten.
Ulf May

Jan ist Feuer und Flamme. „Bei dem Wettbewerb mach ich mit! Nach der Schule treff ich mich gleich mit Oliver, dann können wir uns gemeinsam etwas überlegen“, ruft er.
„Wenn die Hosen jetzt blau sein sollen, wird Blau dann deine dritte Lieblingsfarbe?“, frage ich Jan.
„Ach, Feli, sei still!“

Also für mich ist das mit den Farben anders als bei Jan. Ich mag Rot und Gelb auch sehr gerne, aber nicht wegen der DEG. Gelb ist eine Farbe, die mir gute Laune macht. Sie erinnert mich an Sommer, Sonnenblumen, ganz weiche Küken und süße Bananen. Ein bisschen ist Gelb auch wie Gold. Wenn ich eine Prinzessin male, nehme ich für die goldene Krone immer Gelb. Ich finde, das sieht echt aus. Auch wenn ich jemanden mit blonden Haaren male, nehme ich Gelb. Ich habe mal gelesen, Gelb sei die Farbe für Neid und Eifersucht. Aber das ist mir egal. Für mich ist Gelb leuchtend, warm und schön.
Mama sagt, Rot sei die Farbe der Liebe. Stimmt! Herzen, als Zeichen für Liebe, male ich immer rot. Und Papa schenkt Mama manchmal rote Rosen. Aber wenn Rot die Farbe der Liebe ist, warum ziehen dann die Leute, die ich bisher gesehen habe, zur Hochzeit nichts Rotes an?

Opa sagt, Rot bedeute „Achtung!“. Als wir den Fahrradführerschein gemacht haben, hat der Prüfer gesagt, dass das Licht an der Ampel „Stop!, Aufpassen!“ bedeutet, was wir aber alle schon längst wussten.
Aber wenn ich an Rot denke, denke ich zu allererst an all die leckeren Sachen wie z. B. Erdbeeren, Kirschen, Ketchup,...
Na ja, und Jan sagt, er denke an die DEG, aber auch an die Feuerwehr in ihren knallroten Autos und Uniformen.
KNALLROT! Es gibt doch auch noch Feuerrot, Rosenrot, Tomatenrot, ...
Mensch, Rot ist wohl überall! Kannst du mir nicht beim Sammeln und Sortieren helfen?
Falls du Rot nicht so gerne magst, kannst du ja alles sammeln, was dir zu deiner Lieblingsfarbe einfällt!

Jetzt verrate ich ,**Feli,** dir mein großes Geheimnis:
Meine beiden besten Freundinnen, **Nina** und **Anja**, und ich haben einen geheimen Klub, den „GKFNA“, gegründet. Davon wissen nur wir drei. Wir machen alles zusammen und sehen uns jeden Tag, sogar am Wochenende.
Ganz oft verabreden wir, was wir am nächsten Tag anziehen wollen: z.B. trägt jede von uns eine Jeans, ein T-Shirt, eine Jacke und Turnschuhe. Heute nachmittag, wenn wir uns an einem geheimen Ort treffen, werde ich Anja und Nina einen Vorschlag machen: Wäre es nicht toll, wenn wir uns eine „GKFNA-Kleidung“ machen würden? Diese Kleidung könnten wir in unseren Lieblingsfarben gestalten. Oder wir könnten nachschauen, was einzelne Farben bedeuten und sie dann danach aussuchen: z.B. bedeutet Blau Treue, und die Mitglieder vom GKFNA haben sich ewige Treue geschworen. Wir könnten uns aber auch ein Klubzeichen in unseren Lieblingsfarben ausdenken. Das Zeichen können wir dann auf allen möglichen Kleidungsstücken anbringen.

Ich bin mal gespannt, was Nina und Anja zu der Idee sagen werden.
Du hast doch bestimmt auch einen **Geheimklub**, eine Bande, einen Verein oder eine beste Freundin oder einen Freund, mit dem du dir ein tolles Trikot oder etwas ähnliches gestalten kannst.

Hast du mittlerweile herausbekommen, was die Abkürzung GKFNA bedeutet?

Gründonnerstag, Weißensonntag, Blue Monday...

Hallo, ich heiße Simon und gehe in die vierte Klasse. Mein Vater nennt mich manchmal Professor und sagt: „Ist schon irre, worüber du dir so deine Gedanken machst!" Dann antworte ich: „Mensch Papa, das muss dir doch auch schon mal aufgefallen sein."
Als ich zum Beispiel neulich Kommunion hatte.....

Abb. 2

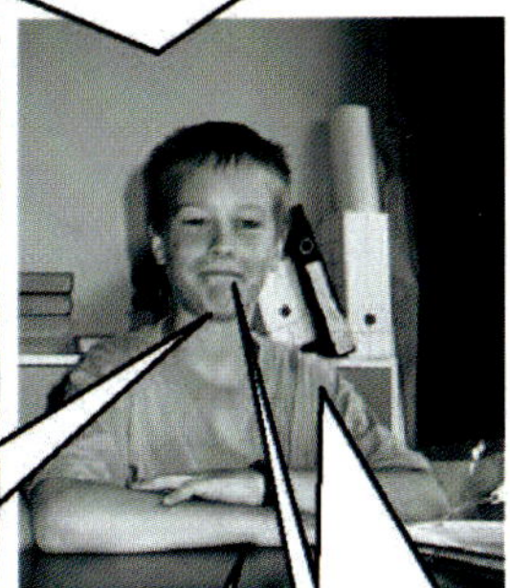

Abb. 3

...das war am Weißensonntag, da trugen nur die Mädchen weiße Kleidung, wir Jungen hatten dunkle Anzüge an....

...und an Gründonnerstag, als wir mit der Jugendgruppe einen Ausflug gemacht haben, trug nur ein einziges Kind etwas Grünes....

....das ist doch schade, findest du nicht auch?
Es wäre doch viel lustiger, am Rosenmontag nur rosenrote Kleidung zutragen, am Veilchendienstag nur veilchenblaue und am Sonntag nur sonnengelbe, zur Silberhochzeit der Tante nur silberne und zur goldenen Hochzeit der Großeltern nur goldene, am Aschermittwoch nur in aschgrau zu gehen...

Am Montag will ich blau machen - nicht in die Schule müssen. Warum nicht blaue Protest-kleidung tragen? „Blue Monday"

Akte
Zweite Haut

Kauke, wo bist du?

Tarnmode oder „Olli goes military.“

Abb. 1

*

Das ist übrigens Richard von Aphex Twin, ein englischer Techno-Musiker. Er trägt die Hose, die Olli so gerne hätte.

Abb. 2

Oliver ist sauer auf seinen Vater. Es ist doch schließlich nur eine Hose! Seine Lehrerin merkt, dass Oliver schlechte Laune hat. Sie spricht ihn darauf an. Gemeinsam beschließen sie, das Thema „modische Kleidung“ im Stuhlkreis zu besprechen.

Oliver erzählt den anderen Kindern seiner Klasse von dem Streit mit seinem Vater. Er möchte gerne ihre Meinungen hören.

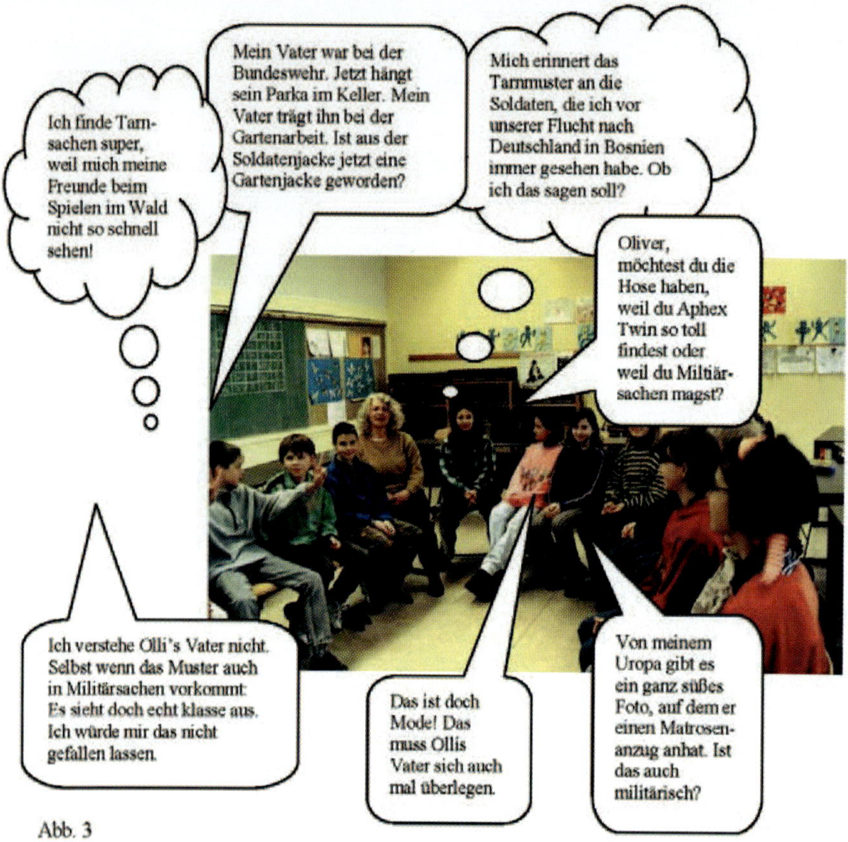

Abb. 3

Die Klasse diskutiert noch weiter, kommt aber zu keinem klaren Ergebnis. Die Schüler beschließen, dass sie zu Hause nachschauen, ob sie in Fotoalben oder Zeitschriften Bilder zu dem Thema „Kinder- oder Jugendkleidung und Militärkleidung“ finden.

Ein Mädchen schlägt vor, dass sie Fotos von anderen Kindern und Jugendlichen machen könnten, die Kleidung im Militärstil tragen und sie fragen, aus welchem Grund sie diese Kleidungsstücke anhaben.

Den Kindern sind einige Fragen zu diesem Thema eingefallen. Damit sie sie nicht vergessen, notieren sie sich diese Fragen. Es sind noch Zeilen frei geblieben. Dort kannst du deine Fragen notieren.

Fragen zum Thema Kinder- und Jugendkleidung und Militär

- Ist dir aufgefallen, dass es Kinder- und Jugendkleidung im Militärstil gibt?
- Welche Kleidungsstücke im Militärstil kennst du?
- Wie findest du es, dass es Kleidung im Militärstil gibt?
- Hast du auch so ein Kleidungsstück?
- Was gefällt dir an dieser Art Kleidung oder was gefällt dir daran nicht?
- ______________________________
- ______________________________
- ______________________________
- ______________________________
- ______________________________

Um einen Überblick über die einzelnen Aufgaben, die sich die Schüler überlegt haben, zu bekommen, machen sie sich einen Plan. Die Symbole in dem Plan haben folgende Bedeutung:

 = Einzelarbeit

 = Gruppenarbeit mit maximal 4 Personen

 = Befragung

 = Notieren

 = In Büchern nachschauen

 = Fotografieren

= Interviews auf einen Kassettenrecorder aufnehmen

= In Zeitungen, Zeitschriften und Katalogen nach Bildern suchen

= Briefe schreiben

= Computer mit Internet

= Ausschneiden

Arbeitsplan zum Thema Kinder- und Jugendkleidung und Militär

	Aufgabenstellung		gearbeitet mit
	Ich befrage meine Eltern, Geschwister, Großeltern oder Freunde über ihre Meinung zu dem Thema. Die Antworten notiere ich, damit ich in der Schule darüber berichten kann.		
	Wir gehen in Boutiquen oder Bekleidungsgeschäfte, in denen Kleidung im Militärstil verkauft wird. Wir machen uns Notizen zu den Kleidungsstücken und befragen die Verkäufer, wer diese Kleidung kauft und welche Meinung sie dazu haben. Die Antworten notieren wir uns.		
	Wir suchen in Zeitschriften oder im Branchenbuch nach Adressen von Modedesignern. Diese schreiben wir an, ♦ um zu erfahren, ob sie Kleidung im Militärstil in ihrer Kollektion haben oder schon einmal hatten. ♦ und bitten sie, uns darüber zu berichten, was ihnen daran gefällt. ♦ und fragen, ob sie uns Bilder dieser Kleidungsstücke zuschicken können.		

	Wir suchen im Internet nach Informationen zu dem Thema . Wir senden Modefirmen eine Email und bitten sie um Informationen.	 oder 	
	Ich gehe in die Bücherei und suche dort nach Informationen zu dem Thema. Falls ich alleine nicht weiterkomme, bitte ich eine Bibliothekarin um Hilfe.	 oder 	
	Ich schaue in Zeitschriften, Katalogen und Zeitungen nach, ob ich Bilder und Fotos zu dem Thema finde. Vielleicht finde ich auch im Fotoalbum meiner Familie einige Fotos, die Kinder in Militärkleidung zeigen, sonst suche ich auf dem Trödelmarkt oder frage jemanden, der Militärkleidung sammelt.	 oder 	
	Wir fragen Kinder und Jugendliche, die Kleidung im Militärstil anhaben, ob wir sie fotografieren dürfen. Wir befragen sie nach dem Grund, warum sie diese Kleidung anhaben und nehmen die Antworten auf einem Recorder auf.		

Zwei Wochen später trifft die Klasse wieder im Sitzkreis zusammen. Die Schülerinnen und Schüler haben Fotos, Berichte, Interviews, Briefe, Zeitungsausschnitte und noch viele andere Dinge zu dem Thema gesammelt.

Sie zeigen ihre Fundstücke und berichten darüber, welche Erfahrungen sie bei der Suche gemacht haben. Eine aufgeregte Diskussion ist im Gange. Auf einmal fragt ein Schüler: „Aber was sollen wir denn jetzt mit dem ganzen Material machen?" Hört euch mal an, was seine Mitschüler ihm antworten!

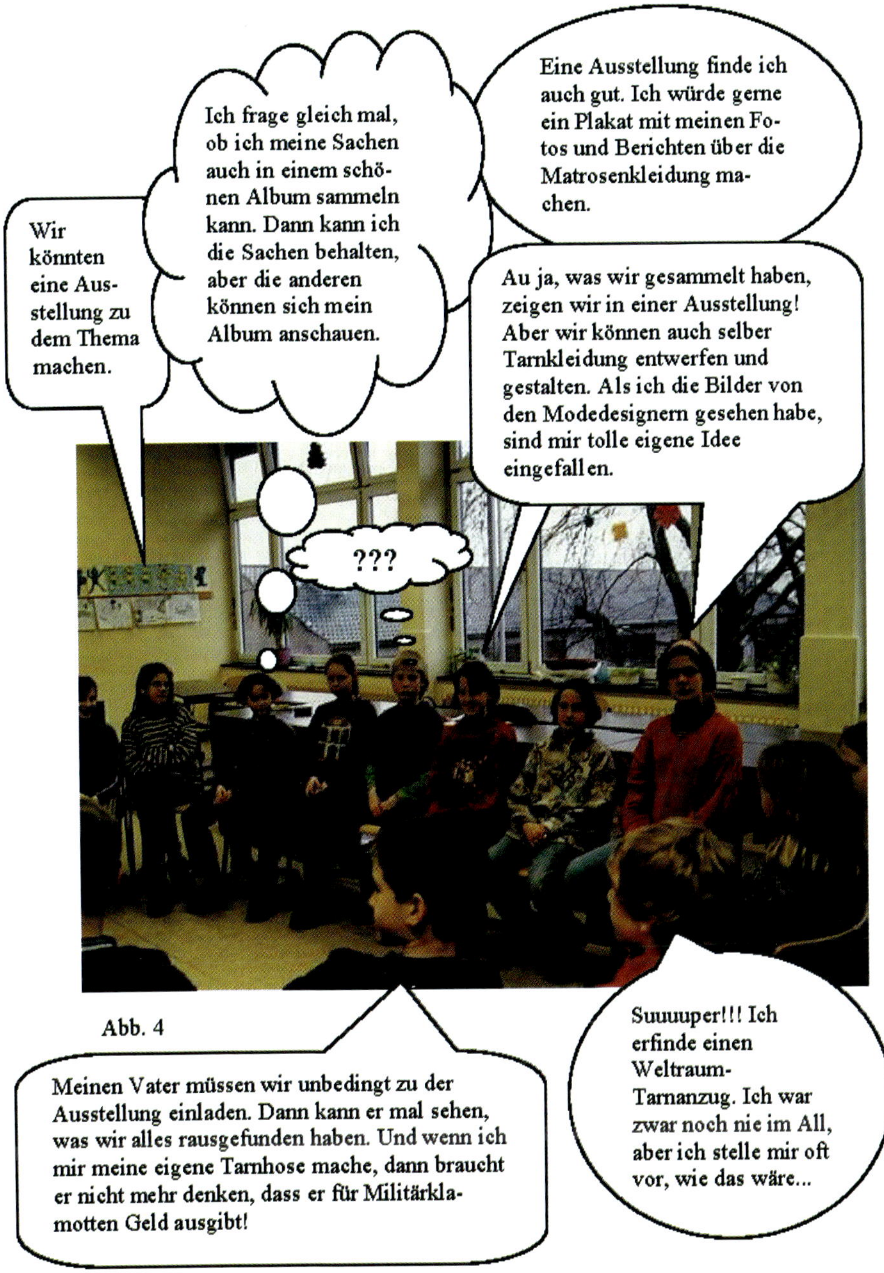
Wir könnten eine Ausstellung zu dem Thema machen.
Ich frage gleich mal, ob ich meine Sachen auch in einem schönen Album sammeln kann. Dann kann ich die Sachen behalten, aber die anderen können sich mein Album anschauen.
Eine Ausstellung finde ich auch gut. Ich würde gerne ein Plakat mit meinen Fotos und Berichten über die Matrosenkleidung machen.
Au ja, was wir gesammelt haben, zeigen wir in einer Ausstellung! Aber wir können auch selber Tarnkleidung entwerfen und gestalten. Als ich die Bilder von den Modedesignern gesehen habe, sind mir tolle eigene Idee eingefallen.
???
Meinen Vater müssen wir unbedingt zu der Ausstellung einladen. Dann kann er mal sehen, was wir alles rausgefunden haben. Und wenn ich mir meine eigene Tarnhose mache, dann braucht er nicht mehr denken, dass er für Militärklamotten Geld ausgibt!
Suuuuper!!! Ich erfinde einen Weltraum-Tarnanzug. Ich war zwar noch nie im All, aber ich stelle mir oft vor, wie das wäre...

Abb. 4

Die Schüler beschließen, die Ausstellung vorzubereiten. Anschließend möchten sie eigene Tarnkleidung entwerfen und gestalten. Ihre Entwürfe und Kleidungsstücke sollen Teil der Ausstellung sein. Da kommt jemandem die Idee: „Wir könnten doch auch eine Modenschau oder besser Tarnschau machen....“

Schutzschilder

„Verflixt und zugenäht“, flucht Rotkäppchen. „Der Oma Wein und Kuchen bringen, ist eine Sache, vom Wolf gefressen werden, eine andere. Aber dem werde ich es zeigen!“ Und wie es so vor sich hinschimpft, kommt ihm eine Idee. Es hat doch eine Tracht, die es eigentlich nur an besonderen Tagen anzieht. Und heute ist so ein Tag! So beginnt das Rotkäppchen, seine Tracht anzuziehen: Erst das blaue Mieder, darüber zieht es die schwarze Weste, die auf der Brust mit Gold und Silber, Perlen und Seide prachtvoll bestickt ist. Nun die weißen Strümpfe und die Schnallenschuhe. Dann macht es sich daran, die Röcke anzuziehen. Acht Stück, einer länger als der andere und zu oberst den schönen Rosenrock! Schließlich ist es so dick angezogen, dass es sich kaum bewegen kann und die Mutter ihm beim Anziehen der Jacke helfen muss. Dann befestigt sie das fächerartige, mit vielen bunten Bändern geschmückte Brett auf dem Rücken. Nun noch die rote Kappe aufgesetzt und schon macht sich das Mädchen auf den Weg zur Oma.

Abb. 5

Wo der Wald am dichtesten ist, taucht tatsächlich der Wolf auf. "Komm doch her du dummer Wolf und friss mich", ruft Rotkäppchen mutig. Das lässt sich der gierige Wolf natürlich nicht zweimal sagen und stürzt sich freudig auf das Kind. Aber, ach Gott, was ist denn das? Dieses Mädchen ist so dick angezogen, dass es gar nicht in den groß aufgerissenen Schlund des Wolfs passt. Und dann noch dieser Hut! Fest wie ein Helm ist er am Kopf befestigt. Erschrocken nimmt er einen zweiten Anlauf und versucht ein Stück aus den Röcken herauszubeißen. Doch auch das will nicht gelingen, seine Zähne verheddern sich in den Stoffen und der Stickerei. Der Wolf jault vor Wut auf, klemmt den Schwanz ein und verschwindet gedemütigt im Wald. „Siehst du, man muss nur richtig gekleidet sein, dann kann man sich auch vor dir schützen", ruft das Rotkäppchen lachend hinter ihm her und macht sich auf den Weg zur Oma.

Was eigentlich **Festtagskleidung** ist, ist für Rotkäppchen

____________________ geworden.

Welche Kleidungsstücke oder Gegenstände kennst du, die dich im Alltag schützen?

Abb. 6

Abb. 7

Abb. 8

Bringe von zu Hause zu jedem Bild viele Kleidungsstücke oder Gegenstände mit, die dich schützen.
Sortiert die Gegenstände und zieht sie an, wie es Rotkäppchen getan hat. So viele auf einmal wie möglich. Wie fühlt ihr euch?

Es gibt auch andere Gelegenheiten, in denen man besondere Kleidung tragen muss, um den Körper zu schützen. Findest du die passenden Kartenpaare?

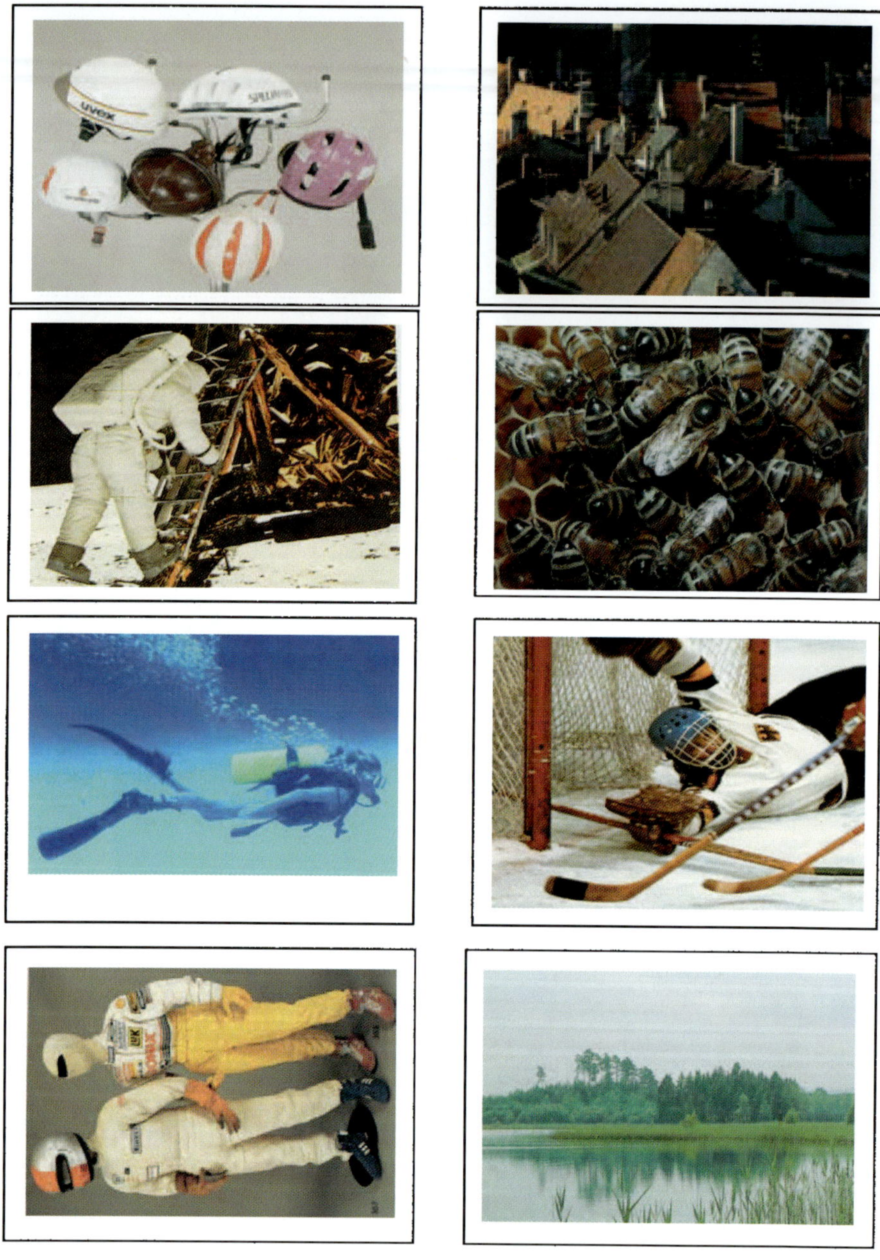

Abb. 9 bis 16

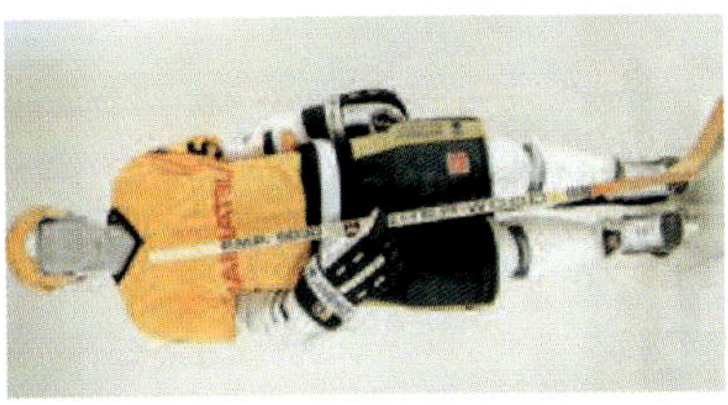

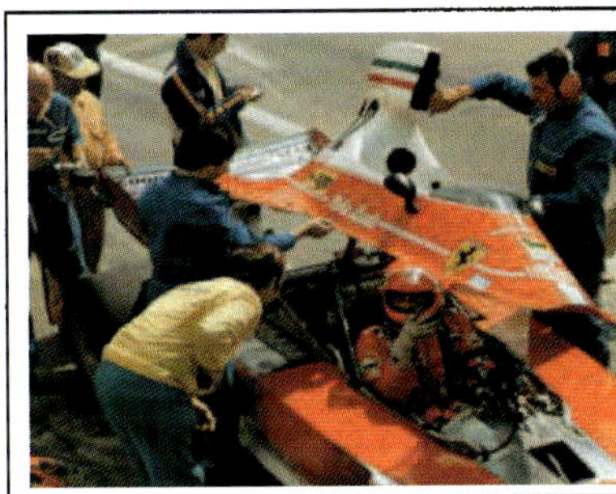

Abb. 17 bis 24

Die ausgeschnittenen Karten kannst du auf Pappe kleben und schon hast du ein Memoryspiel. Vielleicht hast du noch mehr Ideen, dann kannst du weitere Karten malen oder kleben und so dein Spiel erweitern.

Rotkäppchen möchte sich vor dem Wolf schützen, der Feuerwehrmann vor dem Feuer, der Imker vor den Bienen. Und du?
Entwerfe dein eigenes Schutzschild! Vor was hast du Angst? Womit schützt du dich?

	Verkehr, Unfälle	**Wetter, Natur**	**Tiere**	**Träume, Geister**	**Sport**
Kopf					
Arm					
Hand					
Körper					
Bein					
Fuß					

Akte Spurensuche

Aba und Kauke packen ihre Koffer.

Das Koffer-Ich

Abb. 1

Unter dem Bett meiner großen Freundin Lilly liegt ein Koffer. Immer wenn ich sie frage, was in ihrem Koffer drin ist, antwortet sie geheimnisvoll: „Das ist mein Koffer-Ich. Darin sammel ich meine Erinnerungen.“ Der Koffer ist wunderschön. Lilly hat ihn mit Stoff und Glitzer in ihren Lieblingsfarben geschmückt. Ein einziges Mal hat sie mich in ihren Koffer hineinschauen lassen, aber nur unter großem Ehrenwort, dass ich nicht weitererzähle, was drin ist.

Seit ein paar Monaten habe ich auch einen alten Koffer, in dem ich alles aufbewahre, was die Erwachsenen nicht sehen sollen. Manches Teil wurde auch gerettet, weil die Großen es schon wegschmeißen wollten. Ich habe meine geliebte rote Strumpfhose mit den großen Löchern an den Füßen aufbewahrt. Wenn ich sie sehe, denke ich immer an die Ferien bei Opa, als ich auf dem Holzfußboden in der roten Strumpfhose Schlittschuh Laufen gespielt habe. Sie rutschte fantastisch, war aber danach löchrig. Außerdem habe ich ein Baby-Hemdchen in dem Koffer. Das soll mir mal gepasst haben? Ich habe es zu der Puppenkleidung gelegt, die ich unbedingt aufbewahren möchte.

In dem Koffer habe ich eine kleine bunte Schachtel verborgen. Darin bewahre ich Dinge auf, die so schön sind, dass ich sie nur an ganz besonderen

Tagen hervorhole: eine goldene Kette, eine Glitzerzopfspange, eine Muschel aus Indonesien, die mir Papa mitgebracht hat, eine alte Münze von Oma. Außerdem bewahre ich in dem Koffer einen ganz runden Stein auf, den ich am Meer gefunden habe. Der Stein erinnert mich an die schönsten Sommerferien, die ich je verbracht habe. Ich habe den Stein im Meer gefunden und selbst vom Meeresboden hochgeholt.
Es gibt eine Kiste, in der ich die schlimmen Erinnerungen aufbewahre, z.B. den hässlichen kratzenden Pullover, den ich einmal zum Geburtstag geschenkt bekommen habe und natürlich die kleine Dose, in der ich meine Zahnspange aufbewahren musste.
Ich glaube, ein Koffer-Ich kannst du auch gebrauchen. Für deine alte Jeans, die du immer beim Rollerbladen trägst. Oder das T-Shirt, dass du selber gefärbt und mit deiner Lieblings-Pop-Gruppe bemalt hast. Und natürlich das Fußballtrikot, dass dein Vater dir geschenkt hat, als er dich das erste Mal mit ins Stadion genommen hat.

Übrigens, für ein Koffer-Ich braucht man nicht unbedingt einen Koffer. Einen Karton oder eine Kiste kannst du auch verwenden. Nur ein Schloss musst du dir ausdenken. Baue dir vor allem ein gutes, sicheres Schloss.

Fast wie in Hollywood

Wenn ich so berühmt wäre wie Arnold Schwarzenegger, dann dürfte ich einfach meine Hände und Füße in Beton drücken und für immer und ewig meine Spuren im Bürgersteig von Hollywood hinterlassen.

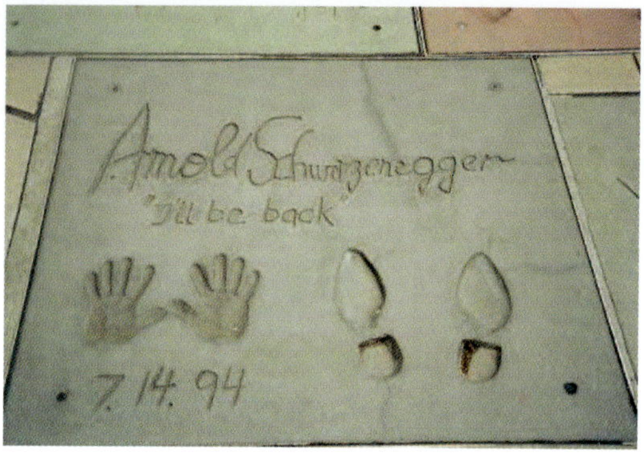

Abb. 2

Ich bin zwar nicht Arnold, aber ein bisschen berühmt bin ich trotzdem. Alle Kinder in meiner Klasse kennen mich und die Schüler aus den Parallelklassen und natürlich die Lehrer. Aber kennen die mich wirklich? Nehmen wir mal an, wir würden Zuckerkreide mischen, unsere Füße damit einreiben und über ein altes Laken laufen. Meint ihr, dass wir auf Anhieb erkennen könnten, zu wem welche Spuren gehören?

Wir können so laufen, dass unsere Spuren auf dem Tuch Muster bilden. Und wenn wir mit Fußballschuhen, Stöckelschuhen, Bastschlappen oder Turnschuhen laufen, haben wir noch viel mehr Möglichkeiten zu gestalten und Spuren zu hinterlassen.

Rezept für Zuckerkreide:

1 l Wasser, 500 g Zucker, farbige Tafelkreide, 1 Topf, 1 Schüssel, Frischhaltefolie
Bringe das Wasser zum Kochen und rühre den Zucker solange unter, bis er sich ganz aufgelöst hat. Lasse das Zuckerwasser etwas abkühlen.
Lege die Tafelkreide in die Schüssel und übergieße sie mit dem Zuckerwasser. Nach etwa 1 Stunde kannst du die Kreide aus der Lösung nehmen. Trockne sie leicht ab und fertig ist deine Zuckerkreide. Damit sie nicht austrocknet, solltest du sie in der Folie aufbewahren.

Tragbare Erinnerungen

Dieses oberste Teil habe ich von meinem T-Shirt genommen, das mir meine Mutter geschenkt hat, als ich acht geworden bin.

Mit sechs Jahren war ich zu Karneval Leopard. Leider passt mir das Kostüm nicht mehr. Ich erinnere mich aber sehr gerne daran und bin froh, dass ich nun eine neue Verwendung für einen Teil des Kostüms gefunden habe. Findest du nicht auch, dass das ganz toll aussieht?

Das ist ein Stück von einem Strandkleid, aus dem ich schon lange herausgewachsen bin. Jedes Mal, wenn ich nun mein neues Kleidungsstück trage, fühle ich mich so glücklich wie damals.

Ohne mein braunes Kissen konnte ich früher nicht einschlafen. Auch jetzt fühle ich mich noch sehr sicher, wenn ich ein Stück davon bei mir habe.

Abb. 3

In der Schule haben wir auf Stoff gedruckt. Mein Probestreifen gefällt mir so gut, dass ich ihn direkt an mein neues Oberteil genäht habe!

Die Leopardenärmel sind mir ein bisschen zu kurz geworden. Deshalb habe ich die Manschetten von meiner alten Lieblingsbluse dran genäht.

Und welche Erinnerungen kannst du zu einem neuen Lieblingskleidungsstück verarbeiten?

Wir schreiben das Jahr 3250...

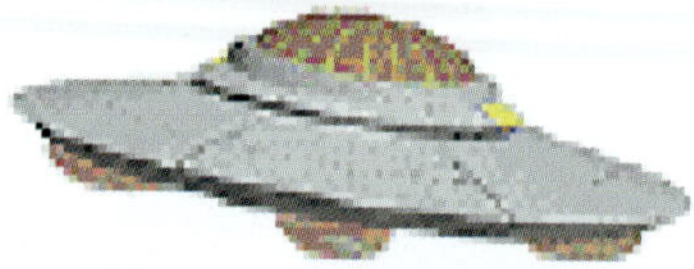

Abb. 4

Befinden uns auf Planeten *Erde*. Aldo K34-76L hat erste Funde gemacht. Können uns nicht erklären, worum es sich handelt. Nehmen Gegenstand für Laboruntersuchung mit, vielleicht sehen wir dann klarer! Ende-

Abb. 5

Auch hier haben wir ein merkwürdiges Objekt gefunden.

Abb. 6

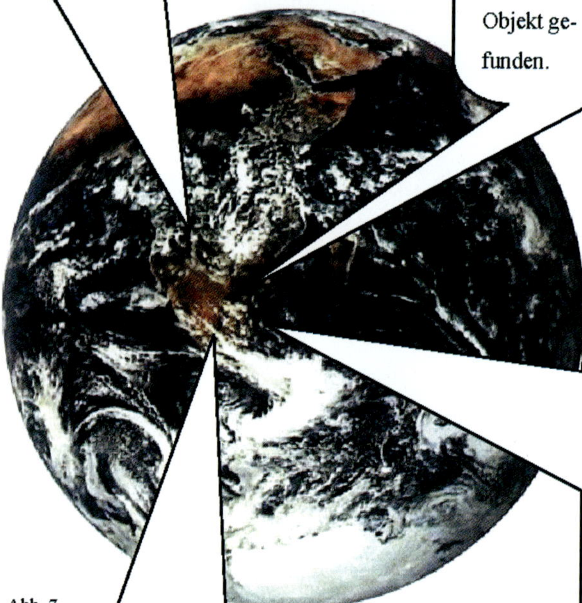

Abb. 7

Objekt fertig zum Beamen. Macht schon mal das Labor für eine erste Untersuchung klar. Ende-

Abb. 8

Komisch, was von den Erdlingen übrig geblieben ist. Gebilde elementarisiert und an das Labor gesendet. Ende-

Abb. 9

Ein Museum für die Zukunft

Stell dir vor, in 1250 Jahren kommen fremde Wesen aus anderen Welten auf die Erde. Bei ihrem Besuch finden sie Gegenstände aus unserer Zeit. Sie können damit gar nichts anfangen. Sie stehen vor einem großen Rätsel.

Du und deine Klassenkameraden können ihnen helfen, unsere Welt besser zu verstehen.

Wähle drei typische Kleidungsstücke oder Gegenstände z.B. deine Lieblingshose, deine Rollerblades usw. aus. Bitte deine Klassenkameraden dich damit zu fotografieren. Schreibe zu jedem Foto 2-3 kurze Sätze, die den Wesen aus der Zukunft erklären, wie die Gegenstände heißen und warum wir sie benutzen.

3. „Kinder-Kleider“ aus pädagogischer Perspektive

3.1 Kleider für Kinder - Kleider der Kinder? Gibt es „kindgerechte“ Kleidung?

Im ersten Teil des vorliegenden Buches dient das Freiarbeitsmaterial zum Thema Kinder-Kleider dazu, Kindern Freiräume zur eigenen Gestaltung von Kleidern zu bieten, aber auch um gesellschaftliche Einflüsse, Normen und Zwänge, seien sie historisch, aktuell, aus der eigenen oder aus fremden Kulturen zu verdeutlichen. Nun wird aus pädagogischer Perspektive erörtert, warum und wie das Thema Kinder und ihre Kleider in Schule, speziell im Textil- oder Kunstunterricht, sinnstiftend im gegenwärtigen und zukünftigen Leben der Kinder verortet werden kann.

Angelehnt an Bausingers Aufsatz „Kultur für Kinder – Kultur der Kinder“ (1985) werden hier die Fragen diskutiert, ob Kleider, die Kinder tragen, überhaupt kindgerecht **für** Kinder gestaltet sein können oder ob die Vorstellungen von Kindheit, Kindern und zugehöriger Kleidung sich eher in einem Zwischenraum von kultureller Bedingtheit und individuellen Wünschen und Erfahrungen widerspiegeln bzw. sich konstruieren, also auch von Kleidern **der** Kinder oder von Kindern **und ihren** Kleidern gesprochen werden könnte. Es ist eine Frage des Blickwinkels, aus dem entweder von Kleidern der Kinder oder von Kleidern für Kinder oder aber auch von „Kindern und ihren Kleidern“ argumentiert wird.

In unserer Alltagssprache beschreiben wir aus der Perspektive der Erwachsenen die Kleider für Kinder oft als kindlich, kindgerecht, kinderfreundlich, kindgemäß. Die Kleider, die Kinder tragen, sind von Erwachsenen gemacht und aufgeladen mit gesellschaftlichen Vorstellungen von kindlichem Aussehen, wie z.B. Schnitt der Kleidung, Farben, Material, jungen- oder mädchentypischen Accessoires etc... Doch verflüssigen Kinder die Kleiderwirklichkeiten immer wieder aufs Neue oder um mit der derzeit aktuellen Textilfach-

terminologie zu sprechen, die Kinder „dekonstruieren" (Vinken 1993) bestehende Muster und kreieren neue Erscheinungsformen, das bedeutet, die Kinder verorten sich kulturell immer wieder neu, soweit ihnen das möglich ist, indem sie bestehende Muster abändern oder Gewöhnliches mit Ungewöhnlichem zu Neuem kombinieren.
In letzter Zeit ist ein Trend der modischen Verortung zu beobachten, da sich bestimmte Kinderkleider eher in der Erwachsenenkleidung wiederfinden als umgekehrt. Seien es bunte Farbkombinationen oder der Girlie-Look für Frauen. Manchmal sind Mütter, bzw. Väter, genauso gekleidet wie ihre Kinder. Die Soziologen und Pädagogen sprechen schon von einem Jugendlichkeitswahn der Alten, wodurch es den jungen Menschen zunehmend erschwert würde, sich noch distanzieren zu können, um eigene Wege des Erwachsenseins zu finden. Wie soll eine junge Pubertierende sich noch von der jugendlich wirkenden Mutter absetzen, die sich auch bei H&M einkleidet, gepierct ist, und ein kleines Bügeltäschchen unter ihre Achseln klemmt? Oder werden unsere Kinder wieder zunehmend schon im Kleinkindalter wie Erwachsene gekleidet, so wie es bis vor gut 200 Jahren meist üblich war, bis sich die Pädagogik für die spezifische Entwicklungsphase der Kindheit verstärkt interessierte? Der modische Trend scheint in unserer westlichen Kultur wieder eine Annäherung von Kinder- und Erwachsenenkleidung mit sich zu bringen. In anderen Kulturen sind Kinder genauso gekleidet wie ihre Eltern oder sie erhalten beim Übergang zum Erwachsenenalter bestimmte Kleidaccessoires, die ihre Initiation symbolisieren. Ähnlichkeiten gibt es in unserer Kultur, wenn pubertierende Mädchen ihren ersten BH einkaufen dürfen, zum ersten Mal hohe Absätze ausprobieren oder junge Männer bei der ersten Bewerbung für einen Ausbildungsplatz geraten bekommen, einen dunklen Anzug zu tragen.

Trotz dieser kulturellen Vorgaben oder Ordnungsmuster bezüglich eines bestimmten Kleiderverhaltens, hat auch jedes Kind und jeder junge Mensch seine Vorlieben, verweigert trotz elterlichen Wünschen bestimmte Farben, Formen und Materialien, verschmutzt das neue Kleid, zerreißt beim Spiel die Hose, bemalt die Gummistiefel, damit jeder erkennt, dass es seine Stiefel sind, setzt die Mütze falsch herum auf, reißt die lästigen Handschuhe von den Händen, will unbedingt das gleiche, zur Zeit modische T-Shirt haben wie der Freund, kombiniert Farben, die für die Eltern geschmacklos erscheinen usw. Die von Erwachsenen gestalteten Kinderkleider sind häufig viel einfallsloser oder geschmacksnormierter in Farbkombinationen oder sie kontrollieren und schützen die Kinder vor Unfällen. Manchmal hat man den Eindruck, als ob die Kleidung Kinder „domestizieren" solle, was besonders für Mädchen gilt. Jungenkleidung ist meist noch auf mehr Bewegungsfreiheit hin konzipiert, gleichzeitig aber in unserer westlichen Kultur auf nur wenige Farben und Formen eingeschränkt. Kinder müssen in unseren Augen vor Gefahren, Witterungseinflüssen und Übergriffen jeglicher Art geschützt werden, wie z.B. durch Fallhüte, Helme, Gängelbänder, Gurte, Knieschoner, Handschuhe etc. Der Philosoph Peter Sloterdijk meint, dass unsere Gesellschaft von einem „permanenten Ausnahmezustand" geplagt sei, was sich in der Kinderkleidung in Schutz- und Sicherheitsvorkehrungen niederschlägt, wie z.B. eingebaute Minikameras in Kinderanoraks (Abb. 1): „Big mother is watching you."

Abb. 1

Einerseits ist aus der Sicht der Erwachsenen dieser Schutz notwendig, andererseits aber schränkt er die *Kinder* in ihrer Ausdrucksfreiheit ein.
An diesen wenigen Beispielen zeigt sich schon, dass es unmöglich ist, genau zwischen Kleider für Kinder oder Kleider der Kinder zu unterscheiden. Kleider stehen in einer Schnittmenge zwischen kulturellen und individuellen Ausdrucksformen und auch Kinder sind in gewisser Weise von den kulturellen Gegebenheiten, in die sie hineinwachsen, abhängig, daher übernehmen sie die Kleider, die für sie gemacht werden. Aber gleichzeitig sind Kinder bzw. die jungen Menschen die kreativsten Erneuerer jeder Kultur, da sie noch nicht so sehr kulturell normiert oder „versklavt“ (Geertz 1992) sind wie die Erwachsenen, also verändern sie ständig die gegebenen Dinge ihrer Kultur, so auch ihre Kleider.
Kindgerechte Kleidung ist also ein Begriff, der sich ständig neu kreiert und nur im Wandel erfahren werden kann. Das, was Erwachsene für kindgerecht halten, ist geprägt von ihren Kindheitsvorstellungen, die wiederum von den gesellschaftlichen Rahmenbedingungen und aktuellen Moden geprägt sind. Diese „kindgerechten“ Kleider müssen noch lange nicht mit den Kinderwünschen selbst vereinbar sein, wie oben schon beschrieben wurde. Lehrpersonen müssen sich dieser Relativität bewusst sein. Sie müssen in der Lage sein, einerseits die Kinderwünsche in der individuellen Gestaltung von Kleidern für den Körper zu fördern und freie Ausdrucksmöglichkeiten zu schaffen und gleichzeitig kulturelle Gegebenheiten verständlich machen können, ohne diese als die einzige Wahrheit zu vermitteln. Meist stammen Lehrpersonen in unserem Kulturkreis aus einer begüterten und behüteten Mittelschicht und oft ist ihnen die Vielfalt von Kleidvorstellungen für Kinder, die in Familien existieren, gar nicht bewusst. Mit zunehmender Einwanderung von Menschen aus anderen Ländern verstärkt sich diese Vielfalt in den Klassenzimmern, was einer hohen Flexibilität und Komplexität bezüglich des fachlichen Wissens über Kleidung, aber auch pädagogischen Taktgefühls gegenüber dem Andersartigen bedarf. Wie schwierig dies ist, zeigt der Streit um das

Abb. 2

Tragen eines Kopftuches als Zeichen der religiösen Zugehörigkeit schon in der Gruppe der Lehrpersonen, die gerade in Deutschland gerichtlich entschieden werden musste. Über das Urteil ließe sich hier ausführlich streiten, weil sich derartig viele historische, religiöse, individuelle und politische Argumente hinter diesem einen Kleidungsstück „Kopftuch“ (Abb. 2) verbergen, dass eine eindeutige Entscheidung zugunsten aller schier unmöglich erscheint. Gerade Textillehrpersonen können hier an Schulen aufklärerische Arbeit in Projekten zum Thema Kleidung leisten, indem sie mit Kindern das Zusammenspiel von Normen, Moden, Geschichte und individuellem Ausdruck von Kleidung hinterfragen, sie selbst Kleider gestalten lassen, immer mit dem Ziel zu verstehen, dass Kleidung ein kulturell gemachtes Phänomen und damit veränderbar ist.

Wie eng der Horizont von Lehrpersonen bezüglich der Kleider ihrer Schulkinder sein kann, soll das folgende Beispiel kurz verdeutlichen: In einer Reihe zu Altkleidern schüttete eine Lehrerin mehrere Säcke Altkleider, die sie in befreundeten Familien sammeln ließ, im Klassenraum auf einen großen Haufen. Die Kinder sollten sich Kleider heraussuchen und vermuten, warum die Menschen sich wohl von ihnen getrennt hätten. Kein schlechter Einstieg, nur hatte die Lehrperson nicht an die Lebenszusammenhänge der Kinder gedacht. Sechs Aussiedlerkinder, die ihre Kleider selbst aus Altkleiderkammern erhalten hatten, stürzten sich auf abgelegte, noch gut erhaltene, Esprit- und Benetton-Sweatshirts, die sie unbedingt mit nach Hause nehmen wollten. Hier fehlten bessere Kenntnisse zur Lebensgeschichte der Kinder. Es können sich im Unterricht Situationen ergeben, wo ein Wissen um fremdkulturelles Verstehen und den Problemen von Kindern anderer Kulturen mit unseren kulturellen Ordnungsmustern, kurz um ein sensibleres Einfühlungsvermögen in die Brisanz des Themas Kinder und ihre Kleider notwendig wird. Gerade der letzte Punkt wird in der folgenden Erörterung des Themas noch genauer herauskristallisiert. Kleider sind für Kinder und Erwachsene aus anthropologischer Sicht wie eine zweite Haut. Sie spüren, wenn auch häufig unbewusst, die psychologischen, soziologischen, ökonomischen, technologischen, kulturellen, symbolischen oder ästhetischen Aspekte, die in Kleidern enthalten sind. Daher reagieren die meisten Schüler und Schülerinnen sehr engagiert auf textile Themen, die sich mit Kleidern befassen, weil sie so eng mit vielen ihrer Lebensbereiche vernetzt sind.

Die Freiarbeitsmaterialien umfassen einige Schwerpunkte zu den oben angeführten Aspekten von Kleidern, die uns für Kinder besonders relevant erschienen. Im Folgenden wird nun aufgezeigt, welche inhaltlichen Faktoren beim Thema Kinder und ihre Kleider thematisiert und wie daraus didaktische Schwerpunktsetzungen gebildet werden können. Im Mittelpunkt stehen die Begriffe Kindheit, Kinder-Kleider-Mode und das Verhältnis von Erwachsenenprojektionen und Kinderwünschen in diesen Begriffs- und Lebensfeldern. Im Kapitel zwei wird auf die möglichen didaktischen Entscheidungsfelder zu „Kinder und ihre Kleider“ näher eingegangen.

3.1.1 Das Phänomen Kindheit: Pädagogisierung „Zum Wohle des Kindes“?

Seitdem sich die Pädagogik im Zuge der Aufklärung in unserer westlichen Welt verstärkt um das Wohl des Kindes in Form von Bildung und Erziehung bemüht, sind verschiedenste Forschungsrichtungen entstanden, die sich mit dem Phänomen Kindheit auseinandersetzen. Alle diese Forschungen drehen sich um das Kind als einem Menschen, der als Nesthocker geboren wird,

also in den ersten Lebensjahren auf menschliche Hilfe zum Überleben angewiesen ist. Doch wie lange die Phase der Abhängigkeit oder des Angewiesenseins auf die Bezugspersonen andauert, ist kulturell sehr unterschiedlich. Biologisch gesehen ist das Kindsein also eine besondere Phase, aber die Art und Weise der Fürsorge und des Versorgens ist eine sozial gemachte und damit ständig veränderbare (Becher 1989). In jeder Gesellschaft wird die Phase der Kindheit anders konzipiert und ist zum Wohle für das Zusammenleben von Kindern und Erwachsenen gedacht, was für den jeweils Außenstehenden von seinem Beobachterstandpunkt nicht immer einsichtig zu sein scheint. Das „Zum Wohle für...“ kann sehr unterschiedlich ausfallen, mal mehr zum Wohle der Kinder, mal zum Wohle der Erwachsenen oder zum Wohle der Wirtschaft etc. Dies zeigt auch die sozialgeschichtliche Forschung des Phänomens Kindheit, in der die Forscher bis heute über die u.a. auch von von Hentig formulierte Frage streiten: „Gibt es dabei einen Fortschritt wie Lloyd de Mause, ein amerikanischer Familienforscher, behauptet oder im Gegenteil eine durch humanitäre Absichten und Gebaren verschleierten faktischen Rückschritt – eine Abnahme von Selbstbestimmung, Lebenssicherheit und –zuversicht, wie Ariès behauptet?
Oder gilt auch hier, dass die Summe des Glücks oder des Leids zu allen Zeiten gleich ist?“ (von Hentig im Vorwort zu Ariès 1975, 16).
Andere Forschungen versuchen diese sozialgeschichtlichen Darstellungen von Kindheit durch biografische Quellen von Kindern und Erwachsenenerinnerungen an ihre Kindheit oder andere historische Beobachter zu individualisieren und damit zu zeigen, dass Geschichte zwar immer soziale Ordnungsmuster beinhaltet und damit auch bestimmte Vorstellungen von Kindheit, aber dass das Individuum diese subjektiv füllt, verändert und sehr unterschiedlich erfährt (z.B. in: Irene Hardach-Pinke „Kinderalltag“, Katharina Rutschkys „Deutsche Kinder-Chronik“ oder Ingeborg Weber-Kellermann „Kindheit“).

Mit dem 18./19. Jh. entstand in den westeuropäischen Ländern eine soziokulturelle Umstrukturierung, und zwar von einer bäuerlichen Produktionsweise zur industriellen. Diese Veränderung erforderte neue Arbeitsdisziplinen, Kenntnisse und Verhaltensweisen, die von der Familie als Sozialisationssystem alleine nicht mehr geleistet werden konnten. Ein Teil der Erziehung wurde nun von staatlicher Seite in Form von Schule und Ausbildung übernommen, wodurch eine andere Einstellung zum Kind entstand. Es wird eine Art Ware oder Objekt, ein besonderer Wertgegenstand, der für die Zukunft des Erwachsenseins erzogen werden muss (vgl. Weiss 1997). Eine verstärkte Pädagogisierung kommt zu dieser Zeit auf. Das Kind der bürgerlichen Gesellschaft steht als Hoffnungsträger für Zukunftsvisionen und Lebensentwürfe der Erwachsenen und gleichzeitig ist es Sündenbock, nämlich für all das, was sie selbst nicht erreicht haben und jetzt an den Kindern abstrafen. „Kinder sollen sein wie die Erwachsenen und gleichzeitig ganz anders, nämlich besser als sie." (Kemper 1995, 18).

Egal, wohin und in welche Zeit man schaut, es gibt scheinbar immer ein konkretes Bild in jeder Gesellschaftsform, wie das Idealkind zu sein und auszusehen habe. Wie gerade für unseren kulturellen Raum skizziert worden ist, haben wir einen großen Umbruch in der Kindheitsvorstellung mit der Aufklärung erlebt, die Reformpädagogik setzte Anfang des letzten Jahrhunderts neue Visionen, indem sie das Kind aus der Position des Wertgegenstandes, den es zu erziehen gilt in ein „schöpferisches Wesen" hinauskatapultierte, an dem wir Pädagogen uns noch 100 Jahre später schwer tun, wenn es darum geht, die individuellen Ausdruckskräfte in der kindlichen Gestaltung zu fördern und mit den Bevormundungen, Belehrungen und Bekehrungen aufzuhören und das Kind selbst entdecken, forschen, erfinden zu lassen.

Es sind also kulturelle Übereinkünfte, die darüber entscheiden, was Kindheit zu sein hat. Kindheit ist ein Konstrukt, eine Erfindung und steht in beständigem Wandel (Baacke 1999), ist nicht als Wahrheit gegeben. Raum, Zeit, Menschen und die Dinge, die eine Kultur ausmachen, die Erneuerungen und

Abb. 3

Veränderungen, all diese Faktoren bestimmen und beeinflussen das Bild vom Kind.

Die meisten „Kinderbildnisse“ (Oelkers 1998) sind von Erwachsenen gemachte Bilder. Historisch gibt es individuelle Kinderportraits ab dem 16. Jh. mit Beginn der Renaissance, die das Individuum in den Mittelpunkt setzte. Im Verlaufe der nächsten Jahrhunderte werden Kinder auf Gemälden u.a. wie Pflanzen im Garten dargestellt (Abb. 3), als Erziehungskinder, die man pflegen und hüten muss, damit sie gedeihen. Nicht umsonst spricht man noch heute vom Kindergarten, von Krippen oder Horten.

Meist haben wir verklärte romantische Bilder vor Augen, wenn wir von Kindern sprechen: heilige Kinder, disziplinierte, schöne, makellose, perfekte, niedliche, kuschelige Kindchenschemata. Das für uns ästhetisch genormte Kind ist weiß, neugierig, aufmerksam, autonom und selten weinend, zornig, schreiend, verzweifelt, traurig, lärmend, schmutzig (Oelkers 1998). Wenn es denn negativ dargestellt ist, dann als hungerndes Kind oder Straßenkind, um für karitative Zwecke Mitleid und Spendenbewusstsein zu erregen oder aber bildende Künstler, Literaten oder Soziologen nehmen sich der Schattenseite der Kinder an, um ein anderes Bewusstsein vom Kind zu erwirken (vgl. Katalog, Murken u.a.: Kinder des 20. Jahrhunderts, 2000). Aber in unserer direkten Nähe möchten die meisten Erwachsenen doch lieber genormte, schöne Kinder um sich haben. Auch Lehrpersonen planen vielfach einen Unterricht für ein ideales Durchschnittskind der Mittelschicht und wundern sich, wenn der kindliche Output nicht dem geplanten Input entspricht, bzw.

wenn die Inhalte nicht begeistert aufgenommen werden. Oft sind dann noch die Kinder an allem schuld. Hinter all diesen Kinderbildnissen im weitesten Sinne steht die Vorstellung, dass Kinder zur Erziehung passen müssen und nicht die Erziehung zu den Kindern.

Jede Errungenschaft, die Erwachsene für Kinder erfunden haben, wie Waisenhäuser, Findelkindklappen, Spielzeuge und Spielplätze, Schulpflicht, Bekämpfung der Kinderarbeit, medizinische Versorgung, die Grundrechte für Kinder im Jahr 1959, die Kinder- und Jugendtherapie, die Kinderkleider, Kinderzimmer, Kinderwagen, Kinderbetten, Kinderstühle (Abb. 4), Kinderecken, Kinderfernsehen, Kinder-Computerspiele etc. (Murken 1997), sind vordergründig zum Wohle des Kindes gedacht, weil sie das Kind so behandeln und verorten, wie die jeweiligen Erwachsenen sich Kindheit als ideal vorstellen und für sich als ideal empfinden oder was sie meinen, in der eigenen Kindheit schmerzlich vermisst zu haben. Ein Kinderzimmer bietet die Möglichkeit zum eigenen ungestörten Spiel, aber es separiert das Kind auch von seinen Mitmenschen. Ein Kinderstuhl lässt es hoch am Tisch mitessen und schützt es vor Gefahren in der Küche, aber es ist auch festgeschnallt und kann sich nicht mehr frei bewegen. Eine lange Schulzeit gibt dem Kind Bildungs- und Zukunftschancen, hält es aber auch in einer engen finanziellen Abhängigkeit und setzt es unter Konformitäts- und Leistungsdruck. Medizinische Fortschritte schützen das Überleben des Kindes, machen aber auch gentechnische Veränderungen am Embryo möglich, deren Folgen für die Menschen noch gar nicht in vollem Ausmaß absehbar sind.

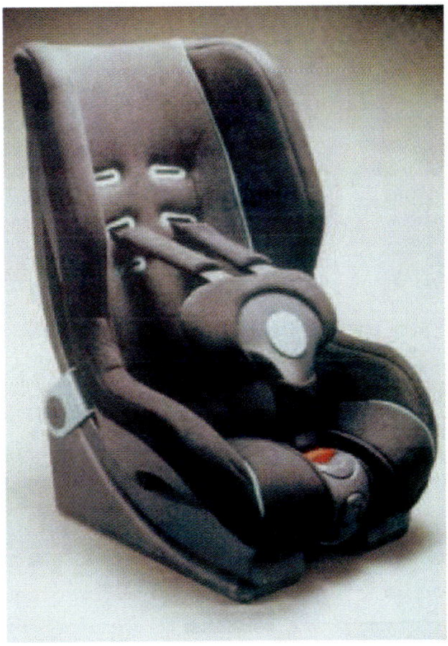

Abb. 4

Was also in unseren Kindheitsvorstellungen alles zum Wohle des Kindes gedacht ist, beinhaltet auch Schattenseiten aus der Sicht der Kinder, wie von Hentig (im Vorwort zu Ariès 1995) es in folgenden Schlagworten formuliert hat: Es ist eine „Schulkindheit, Fernsehkindheit, Zukunftskindheit, Stadtkindheit, Kleinfamilienkindheit, pädagogisierte Kindheit“ und man möchte weiter schreiben, individualisierte, separierte, angeschnallte, erfahrungsarme, medienreiche Kindheit. Hier soll nicht anklingen, dass alles Erfundene für Kinder in unserer Gesellschaft negativ sei, sondern lediglich ein Problembewusstsein auf Seiten der Lehrpersonen entwickelt werden, dass das, was wir uns so alles zum Wohle von Kindern als pädagogische Maßnahmen einfallen lassen, immer Kehrseiten hat. Ein Blick in die Kindheiten anderer Kulturen zeigt, dass auch der sehnsüchtige Blick in eine scheinbar bessere Fremde nur weitere Facetten verdeutlicht, wie auch hier Kindheit immer eingebunden bleibt in kulturelle Ordnungsmuster, die ebenso einschränken wie auch in gewissem Maße individuell verändert werden können.
Die Ethnologin Florence Weiss beschreibt, wie problematisch es ist, überhaupt das Leben von Kindern wissenschaftlich zu erforschen. Nicht nur, dass eine strukturelle Ungleichzeitigkeit und Ungleichheit zwischen Erwachsenen und Kindern schon in der eigenen Kultur die Forschungen erschwert, hinzu kommt, dass bei der Erforschung von Kindheiten in fremden Kulturen auch noch der Entwicklungsblick des Beobachters sowie die kulturellen Differenzen eine entscheidende Rolle spielen. Sie machen es schwierig, zu eindeutigen Aussagen über Kindheiten in anderen Kulturen zu gelangen. Das Gefälle der Macht zwischen Erwachsenen und Kindern und dazu noch die Unterschiede zwischen den Kulturen machen Kinder zu idealen Objekten der distanzierten Forschung. „Als schwächstes Glied der Gesellschaft, ohne jede ökonomische Basis, werden sie stets auf Vermittlung angewiesen sein. Über Kinder kann alles gedacht und geschrieben werden, was Erwachsene sich denken.“ (Weiss 1993, 99), aber die Kinder können diese Zuschreibungen nicht korrigieren oder kommentieren.

„Grundsätzlich [aber] ist die Frage zu stellen, ob in anderen Gesellschaften das Verhältnis von Erwachsenen und Kindern ebenso vom Gesichtspunkt der Entwicklung und der Differenz her definiert und wahrgenommen wird." (Weiss 1993, 102).

Auch in der ethnologischen Forschung müssten Kinder viel mehr als Subjekte wahrgenommen werden, doch häufig bestehen allein schon große Sprachschwierigkeiten zwischen Ethnologen und Kindern. Es wird viel zu wenig danach geforscht, wie Kinder sich ausdrücken, was sie gestalten und wie sie sich verhalten. Florence Weiss schildert, wie sie bei ihren Erforschungen der Iatmul in Papua-Neuguinea selbst wieder zum abhängigen Kind wurde, weil sie die Tätigkeiten der Iatmul-Frauen erst erlernen musste. Dabei erfuhr sie, dass Nichtwissen bei den Iatmul nicht als Beschämung, Leistungsdruck oder Abhängigkeit gilt, wie es in unserer Kultur üblich ist. Die ideologische Konstruktion von Kindheit ist bei den Iatmul die folgende: Kinder und Erwach-

Abb. 5

sene sind gleich, Kinder sind weder triebhafter, naiver, unwissender, herziger noch glücklicher. Zwar sind die Erwachsenen auch Erzieher und Vermittler für ihre Kinder, aber was ihnen fehlt, ist die Vorstellung „die Kinder könnten sich nur durch intensive erzieherische Bemühungen zu vollwertigen Erwachsenen entwickeln.“ (1997, 134). Alltägliche Arbeiten der Kinder unterscheiden sich nicht von denen der Erwachsenen. Sie verfügen über eine hohe Selbstständigkeit und Autonomie, und es gibt keine Einrichtungen, die die Kinder verwalten, sondern autonome Kindergruppen, in denen die Kinder unter sich sind und nicht von Erwachsenen pädagogisiert werden. Sie haben Zugang zu allen Produktionsmitteln (Sie stellen Masken und Grasröcke für Zeremonialtänze selbst her (Abb. 5)), üben sich in der Geschlechterkooperation und organisieren sich selbstständig (Weiss 1993, 124), was auch in Reformschulen in Europa übernommen worden ist, sich aber nicht flächendeckend durchgesetzt hat.

Seiler-Baldinger hat viele indianische Kulturen und ihre Kindheitsvorstellungen untersucht. Große Unterschiede bestehen in den einzelnen Kulturen, doch eine Gemeinsamkeit konnte sie aus dem Blick der europäischen Ethnologin herausfinden. Indianische Kinder werden überall mit hingenommen, und zwar eingebunden in Tücher und eng am Körper der Eltern (Abb. 6). Dies fiel schon den Kolonialisten auf, dass die indianischen Kinder immer ganz in der Nähe, meist mit Körperkontakt zu ihren Bezugspersonen aufwachsen. Je hierarchischer eine indianische Gesellschaft strukturiert ist, um so eher werden die Kinder auf Brettern festgebunden, je egalitärer die Gesellschaftsstruktur, um so näher sind die Säuglinge bei der Mutter oder

Abb. 6

werden in Hängematten geschaukelt. In egalitären indianischen Gesellschaftsstrukturen genießen die Kinder viel Freiheit, aber ihnen wird auch schon sehr früh Verantwortung übertragen (Seiler-Baldinger 1997, 109).

Die hier alle nur kurz angerissenen Vorstellungen von Kindheit und wie diese zu sein habe, sind unendlich vielfältig und je nach Zeit, Raum, Klima und gesellschaftlicher Struktur den jeweiligen Lebensbedingungen angepasst, bzw. die Menschen verorten sich so, dass sie aus ihrer Sicht sinnstiftend überleben können. So leben einige Kinder in großer Autonomie, andere in Abhängigkeit, einige werden beschützt und behütet, andere fortgeschickt, um zu lernen, einige leben in Kinderzimmern, die aussehen wie Spielzeugläden und tragen Designerkleidung, andere wiederum besitzen kaum Dinge oder Kleider. Manche Gesellschaften schaffen Institutionen, um ihre Kinder zu verwalten, in anderen leben Kinder in autonomen Kindergruppen, im unmenschlichsten Falle werden Kinder geopfert oder im institutionalisierten Massenmord vernichtet, wie es im Nationalsozialismus geschehen ist.

Was nun wirklich kindgerecht oder zum Wohle der Kinder ist, lässt sich schwer definieren. Aus unserer heutigen, westlichen Sicht treten wir für demokratisches Verhalten und Mitmenschlichkeit gegenüber den Kindern ein. Maßstäbe wie Glück, Bereitschaft zur Selbstverantwortung, Abwehr von Unmenschlichkeit, Achtung des Anderen, Aufmerksamkeit und Wachsamkeit gegenüber Ideologien, Bewusstsein für die eigene Geschichtlichkeit und damit auch dem Wandel von menschlichem Dasein sind nur einige Bildungsmaßstäbe (von Hentig 1996, 78-98), die wir unseren Kindern vermitteln wollen. Sicherlich müsste man viel mehr Kinder befragen, doch auch diese sind schon von Geburt an in kulturelle Muster eingebunden, die für sie wahr sind, weil sie wirklich sind. Zum Wohle des Kindes zu handeln, sich menschlich zu verhalten, ist von vielen kulturellen Faktoren abhängig und die Maßstäbe müssen immer wieder neu unter Einbeziehung der Kinder ausgehandelt werden.

Wie sehr sich dies auch auf das Phänomen Kinderkleider und ihre modischen Veränderungen auswirkt, wird im folgenden Kapitel diskutiert.

3.1.2 Kinder-Kleider-Moden

Ähnlich wie „Kindheit“ ein von Menschen gemachtes Ordnungskonstrukt ist, um mit heranwachsenden Generationen gemeinsam nach bestimmten Regeln leben zu können und diese nicht ständig aushandeln zu müssen, so sind auch Kleider, die Menschen gestalten, Ausdruck ihrer gesellschaftlichen Ordnung, aber auch des individuellen Gestaltungswillens. Sie vermitteln dem Betrachter einen Eindruck vom funktionalen Einsatz, von der symbolischen und ästhetischen Bedeutung, von der technologischen Entwicklung, dem ökonomischen Status des Trägers, den sozialpsychologischen Faktoren, die alle in den Kleidungsstücken implizit enthalten sind.

Und so wie jede Kultur ihr Kindheitsbild prägt, so spiegelt sich dieses Muster auch in den Kleidern, die für die Kinder gemacht sind, wider. Doch diese Kinderkleider bleiben nicht ständig gleich, sondern verändern sich mit dem Wandel der Zeiten und der Moden.

An dieser Stelle wird keine Geschichte der Kinderkleidung und ihrer Moden entwickelt, zum wissensorientierten Nachschlagen dient die Tabelle S. 132 ff., sondern in diesem Kapitel soll das Wechselspiel erläutert werden, wie Kleider für Kinder oder Kinder und ihre Kleider von Moden beeinflusst werden, bzw. wie Kinder selbst auch Moden mitkreieren.

Mode wird hier als der Motor für Veränderungen verstanden, also als das, wo Abweichung das Normale ist (Kahl 1997), die einerseits Muster, Sitten und Geschmacksrichtungen (Loschek 1994, 358) bildet, aber nur, um diese wieder aufbrechen zu können. Mode ist ein sich selbst organisierendes System, das im Innersten geprägt ist von abwechselnden Prozessen der Konstruktion, Destruktion, Konstruktion etc. Mode lebt von Kontrasten und Mustern, von Nachahmung und Abheben, von sozialem Gruppendruck und individuellen Wünschen. Man könnte auch sagen, dass Mode ein Symbol ist für das Zusammenspiel von Tradition und Umbruch oder um es systemtheoretisch zu formulieren, sie ist ein operativ geschlossenes System, was sich in Form der Tradition auf sich selbst bezieht, sich aber durch Störungen von außen jederzeit verändern kann, wenn die beteiligten Menschen diese Störungen als relevant ansehen.

Die Beeinflussung von Kinderkleidung durch modische Strömungen bedeutet nicht, dass die eine Modeerscheinung unbedingt kindgerechter ist als die andere. Dieses Bewerten hat sich auch schon beim Begriff Kindheit nicht durchhalten lassen. Vielmehr liegt im modischen Verhalten ein ständiges Spiel von verschiedenen Faktoren in einem System vor, in dem sich der Mensch möglichst passungsfähig und funktional vor dem Hintergrund dessen, was gerade wirklich ist, einrichtet. Eine großbürgerliche Mutter, die ihre kleine Tochter im 19. Jahrhundert mit Krinoline, schweren Röcken, Korsett und tiefem Dekolleté ausstattete (Abb. 7), tat dies in dem Empfinden, sich sozial angepasst zu verhalten, genauso wie derzeit einige Grundschulmädchen bauchfrei, mit engen Tops, in rosa, lila oder pink gekleidet, kurzen bis

Abb. 7

über den Po reichenden Röcken in die Schule kommen und sich als modisch und chic angezogen empfinden. Auch ihre Mütter sind stolz auf die kleinen Lolitas. Zur gleichen Zeit sind Mädchen in den Klassen, an denen scheinbar das neue Bild der kindlichen Verführerin vorbei gegangen zu sein scheint, und die im weiten, mit Pferden bedruckten T-Shirt, Jeans, Turnschuhen und einem nachlässig gebundenen Haarzopf in der Schulbank sitzen. Kinder können durch zeitbedingte modische Einflüsse in eine Abhängigkeit von kulturellen Normen und Mustern geraten oder aber auch sich individuelle Freiheiten im Rahmen der vorherrschenden Mode erhalten. Jedes Kind verortet sich vor dem Hintergrund seiner Lebenssituation, seinen Abhängigkeiten und Freiheiten individuell innerhalb von Modeströmungen.

Ganz gleich wie eng auch kulturell bedingte Kleidungsnormen die Kinder einschränken, Elternwünsche die Kinder in Korsetts, Lolitakleidern, Kopftüchern und Tschadors oder Uniformen zwängen, werden Kinder immer wieder diese Ordnungen ins Schwingen bringen, weil menschliches Verhalten sich nicht in feste Grenzen einsperren lässt, sondern nur in der Suche nach ständig neuen Ausdrucksweisen Befriedigung findet. Dies zeigt auch die Geschichte der Kinderkleidung, speziell die der Schuluniformen, die trotz Konformitätsdruck immer wieder individuell abgeändert werden, was Hoffnung auf immer neue Kleidkreationen durch die Kinder selbst macht. Nicht zu vergessen sei in diesem Zusammenhang, dass Kleidvorschriften in Form von Schuluniformen Kinder auch vom sozialen Modedruck entlasten können, bzw. vom äußeren Schein auf innere Werte hinführen.

Die Aspekte, die durch modische Strömungen beim Kleiden von Menschen, hier besonders der Kinder, mit ins Spiel kommen, können nur stichpunktartig angeführt werden. Sie bewegen sich zwischen den beiden extremen Polen von kulturellen Mustern, die Sicherheit geben, aber gleichzeitig auch langweilig, uniform oder konform werden können, und dem Pol der Veränderung, der individuellen Gestaltung, der Neugier, die Muster aufbricht, aber

auch für Unsicherheit, Risikobereitschaft und eventuell Außenseitertum sorgt.
Neue Moden machen sich in ihrem Einfluss auf kulturelle Muster zum Beispiel im sozialpsychologischen Verhalten von Menschen bemerkbar (vgl. Bovenschen 1986 oder Poschardt 1998), wie im Folgenden exemplarisch gezeigt wird. In westlichen Gesellschaften besteht ein großer Druck, sich individuell zu verwirklichen und auch nach außen hin einzigartig zu inszenieren, gleichzeitig aber suchen die Menschen nach Orientierung und neue Moden werden mitgemacht, um dazuzugehören, sich einordnen zu können. Schon im Kindergarten und in der Grundschule erfahren Kinder, den Druck, den eine bestimmte Labelkleidung auslösen kann. In manchen Grundschulen wirken Kinder wie Kleiderpuppen, die ausgestattet wurden, um den wirtschaftlichen Erfolg ihrer Eltern zu symbolisieren oder die sich die Prestigekleidung gestohlen oder von Mitschülern erpresst haben (Meinen 2002, 14), um auch von den anderen bewundert zu werden. Dieses menschliche Verhalten des Dazugehören-Wollens unter Einsatz auch brutalster Mittel, ist schon bei den Kleinsten in unserer Gesellschaft angekommen und es gilt, hier in Schule aufzuklären, inwieweit man sich dem Konformitätsdruck von Kleidungsmoden aussetzen muss, wie man eigene Wege finden kann, sich aus dem Mainstream herauszubewegen und dennoch nicht als Außenseiter gebrandmarkt werden zu müssen. Hierzu bedarf es eines starken „Infits“ (Kolhoff-Kahl 2002), dass Kinder erst durch gute, in sich selbst ruhende Vorbilder, freie Gestaltungsräume und vielfältige Erfahrungen im persönlichen Ausdruck entwickeln können. Dazu müssen sie sich aber überhaupt erst einmal ausprobieren dürfen, ohne standardisierten Gestaltungsansprüchen zu unterliegen. Ein langer Atem ist dazu nötig und im zweiten Kapitel wird erörtert, warum und was Schule zu diesem Entwicklungsprozess beitragen kann und muss.
Neue Moden beeinflussen die Kinderkleidung auch in technologischer Hinsicht. Materialien, Farben und Accessoires werden ständig weiterentwickelt und machen immer neue Erfindungen im Bereich des Kinderkleidungs-

marktes möglich. Und was möglich ist, wird auch ausprobiert, wie die Geschichte der Kinderkleidung zeigt. Die Technisierung unseres Verkehrs in den Großstädten erfordert Signalkleidung für Kinder, die auf dem Schulweg sind: seien es blinkende Schuhsohlen, fluoreszierende Jacken oder ABC-Mützen. Aber auch die Kleidung selbst wird technisiert, wie z.B. mit den in Anoraks integrierten Piepern, die jede besorgte Mutter oder jeden besorgten Vater über den jeweiligen Aufenthaltsort ihres Schützlings informieren. Mit den neuen Techno-Textilien scheinen im Bereich der Kinderkleidung neue Moden aufzukommen, die eine ständige Kontrolle der Kinder möglich machen. Sicher piepsen demnächst noch die Windeln, wenn das Baby in die Hose gemacht hat, oder es wird ein angenehmer Duft versprüht, damit das Windelwechseln nicht so unangenehm ist. Flecken vom Fußballspielen reinigt das T-Shirt schon auf dem Nachhauseweg von selbst – kurzum Kinder und ihre Lebensspuren, wie Gestank, Lärm, Dreck, Ungehorsam, Neugier etc. sind in Zukunft nicht mehr zu sehen und zu spüren, oft unter großem Leiden, denn die technologisch hoch ausgerüsteten Textilien können unangenehme Reiz-Nebenwirkungen für die Gesundheit haben (vgl. Hingst/ Mackwitz 1996).

In unserer Gesellschaft, in der Kinder zunehmend zur „Mangelware“ werden, haben immer mehr Eltern größere zur Verfügung stehende ökonomische Ressourcen, ihre Kinder modisch zu kleiden. In einigen Kreisen ist es Mode geworden, die Kinder wie Models zu kleiden, ja sie sogar zu Modenschauen und Miss-Wahlen zu schicken. Gleichzeitig werden Textilien immer preiswerter, weil ihre Herstellung auf die Billigmärkte der Dritten Welt ausgelagert ist, was sich in Bezug auf die ökologische Nachhaltigkeit und Ausbeutung der Arbeitskräfte in der Dritten Welt negativ auswirkt. Oftmals sind die Kleiderschränke zum Bersten voll mit Kleidungsstücken und die Kinder werden mehrfach am Tag umgezogen. In ökologisch bewussteren Kreisen werden Second Hand Läden für Kinderkleider aufgesucht, denn meist haben

Familien nicht mehr so viele Kinder, dass die Kleidungsstücke innerhalb der Familie aufgetragen werden.

Abb. 8

Über die Outfits der Barbiepuppe (Kahl 1996) und der Science Fiction- oder Kampffiguren werden Jungen und Mädchen schon früh die aktuelle Mode und den zugehörigen Zeitgeist vermittelt. Es ist eine genormte Ästhetik des äußeren Scheins, bei dem vor allem durch das Nicht-Wahrnehmbare oder die Anästhetik (Welsch 1990) sichtbar wird, was die Erwachsenenwelt hier den Kindern vermitteln will. Barbie ist z.B. immer „political correct“ angezogen und erfolgreich. Sie wird nicht dick, ist nicht traurig, altert nicht, kann sich für jeden Beruf, jede Situation, jeden Mann passend kleiden, wechselt ihre zweite Haut so oft sie möchte und die Ideen scheinen ihr nie auszugehen (Abb. 8).

Die Moden der Erwachsenen, bzw. Vorstellungen von Kinderbildern und wie diese angezogen sein sollten, geben Ordnungsmuster für die Kinder vor, in denen sie sich aufgrund ihrer Abhängigkeit einrichten müssen. Aber die letzten Jahrzehnte der Moden in unserem Kulturkreis haben gezeigt, dass Kinder nicht nur diesem „Trickle down“ (Polhemus 1994) der Erwachsenenmoden und –ideen in Bezug auf ihre Kleider ausgeliefert sind. Je älter die Kinder werden, um so mehr Anleihen macht die Erwachsenenmode auch bei den kreativen Ideen der kindlichen Trendsetter. Je jugendlicher unsere „Alten“ erscheinen wollen, um so mehr kleiden sie sich wie Kinder und Pubertierende. So inspirieren Kinder und Jugendliche in Form des „Bubble up“

auch zunehmend die Modetrends für die Erwachsenenmode. Vielleicht könnte man sogar den Schluss wagen, dass die Kleidermoden für Kinder und Erwachsene sich zur Zeit sehr stark annähern. Es wird spannend bleiben, diese Entwicklungen weiter zu beobachten und sich als Lehrperson Gedanken zu machen, welche Aspekte sinnvoll sind mit den Schülern und Schülerinnen zu thematisieren, damit sie Mut und Ideen entwickeln, selbst modische Trends mitzugestalten.

3.1.3 Kinder-Kleider zwischen Erwachsenenprojektionen und Kinderwünschen

Die Fähigkeit der Erwachsenen, Kinder zu sentimentalisieren, sich mit ihnen zu identifizieren, sie so zu verkleiden, dass sie ihren Projektionen entsprechen, ist praktisch unendlich. In unserer westlichen Welt, die von ständigen Neuheiten, sich rasant verändernden medialen Bildern und schnellen Wechseln geprägt ist, bleibt wenig Raum für eine Umgebung, die frei von den Bildern und Eingriffen der Erwachsenen ist. Meist werden unsere Kinder mit Miniaturisierungen ausgestattet oder sollen Erwachsene in Kleinformat darstellen, wie z.B. im Film Bugsy Malone oder in der Mini-Play-Back-Show. Sie werden mit naiver Unschuld versehen und romantisiert. Zahlreiche Postkarten mit Kinderabbildungen präsentieren diese Erwachsenenkopien in Miniaturformat: kleine verführerische Lolitas, Sechsjährige als Brautpaar verkleidet, Jungen in Uniform oder Camouflagekleidung, die in keinster Weise an die Brutalität des Krieges erinnern usw. Sie werden wie niedliche kleine Puppen oder männliche Helden gekleidet und damit zu Besitzern von Kleidern, nicht aber zu aktiven Nutzern oder Gestaltern.

Lucy Bullivant beschreibt dies sehr treffend: „Auffällig durch ihre Anwesenheit (oder ihre relative Abwesenheit), und sowohl in Handarbeit als auch in industrieller Fertigung entstanden, sagen Möbel und Gegenstände für Kinder [ebenso Kleider für Kinder] viel darüber aus, welche Haltung die Erwachsenen gegenüber der physischen und psychischen Entwicklung des Kindes einnehmen, über Vertrautheit und Ordnung innerhalb einer Familie, über Macht, Autonomie und persönliches Territorium, über Lernen und vor allem über die Rolle des Spielens.“ (Bullivant 1997, 13-14).

Nur selten haben Erwachsene, ja selbst Lehrpersonen, noch Zeit für das Unfertige, für den Lernenden und Gestaltenden, sind sie in der Lage, die Kinder zu beteiligen statt sie vernünftig machen zu wollen. Viele Grundschulkinder können noch nicht einmal mehr ihre Schnürsenkel zuknoten, geschweige denn eine Schleife binden. Entweder hatten sie nur Klettverschlüsse, weil die ja praktischer sind, oder die Eltern haben sich nie die Mühe gemacht, ihnen das Binden einer Schleife zu zeigen und auszuhalten, dass es lange dauert, bis die Kinderhände die entsprechende Geschicklichkeit entwickelt haben. Nur wenige Kinder dürfen sich wirklich selbst kleiden und so auf die Straße gehen, wie sie es für schön empfinden. Dazu bedarf es Erwachsener, die die Kinder als eigenständige Menschen ansehen, die zwar noch nicht einen so langen Lebensweg gegangen sind, aber dennoch in der Lage sind, genauso selbstständig zu gestalten, zu fühlen und zu denken wie die Großen.

Die Geschmacksnormierungen der Erwachsenen sind häufig so eng im eigenen Lebenslauf geworden, dass den Kindern gar keine Gestaltungsräume bezüglich der Kleidung gelassen werden. Ich selbst kann mich hier nicht ausschließen. Meine Vorliebe für die Farbe Blau und einem eher sportlich-klassischen Schnitt ist Grund dafür, dass meine Tochter bis zu ihrem zweiten Lebensjahr fast nur blaue Sachen trug. Aber dann erhielt ich meine Lektion, indem sie den dunkelblauen Anorak jeden Morgen aufs neue verweigerte und den bunten, von ihrer Cousine geerbten, wählte. Grüne, rote, pinke, gelbe, violette, orangene Farbflecken wechseln sich auf dem seidig schimmernden Stoffmuster ab. In meinen Augen wirkt er scheußlich. Aber unsere Tochter Hannah liebt ihn. Heute kombinierte sie rote Gummistiefel, eine orangefarbene Hose und einen pinkfarbenen Anorak. Ich halte mich in der Kleidgestaltung meiner Tochter zurück und genieße mittlerweile ein Farbenspiel, welches ich schon längst aus meinem Geschmacksleben als „unästhetisch“ verbannt hatte.

Um noch einmal an Oelkers zu erinnern: Kinderbildnisse sind nicht die, die wir von Kindern haben, sondern die, die Kinder selber schaffen, wenn sie Menschen zeichnen und malen, wenn sie sich verkleiden, die vorgefundenen fertigen Dinge umfunktionieren.

Ein Erwachsenenleben in Designerkleidern oder in Prestigekleidern ist unvereinbar in einem Leben mit Kindern, und wer selbst Textil- oder Kunstlehrperson, Mutter oder Vater, Erzieher oder Erzieherin ist, hat dies schon an den eigenen Kleidern leidhaft erfahren müssen. Kinder müssen sich bewegen, ständig neue Ordnungen aufbauen, was bedeutet, dass sie ihre Umgebung in Unordnung bringen. Sie möchten ihr eigenes Äußeres gestalten dürfen und zwar nach Mustern, die den Erwachsenen auch schon mal unfertig, kitschig, hässlich oder irritierend vorkommen und die eben nicht der Erwachsenenprojektion entsprechen.

Hier liegt das Paradox des Pädagogen, der ja ein Erwachsener ist, und dennoch tagtäglich mit Kindern handeln muss, die, je länger er unterrichtet, sich altersmäßig immer weiter von ihm entfernen. Das heißt, einerseits bleibt die Lehrperson immer in ihrer kulturellen Herkunft verhaftet, verstärken sich auch ihre Ordnungsmuster, die sich als passungsfähig erwiesen haben, und so vermittelt sie also latent auch ihre Bezugssysteme und ihre Vorstellungen von Kindheit und Kinderkleidung. Gleichzeitig ist sie aber durch ihren pädagogischen Impetus dazu aufgefordert, möglichst frei von Ideologien und Schwarz-Weiß-Malereien die Kinder in ihrer Ausdrucksfähigkeit zu fördern, sie neue Ordnungsmuster entwickeln zu lassen, und zwar auch andere als die eigenen, denn Kinder sind die gegenwärtigen und zukünftigen Erneuerer der jeweiligen Kultur. Der Pädagoge wird also bedingt immer schuldig werden an den Kindern, weil er aus der Verstrickung in seine kulturellen Wurzeln nicht herauskommt. Doch er muss diese Normen und Zwänge, in die er

selbst eingebunden ist, reflektieren und sie nicht den Kindern als Fehlverhalten oder Fehlgestaltung zuschreiben.
Nur so wird Pädagogisieren nicht zum Zwang oder zur uniformen Normierung, sondern stellt die Kinder und ihre Ausdrucksformen in den Mittelpunkt. Die folgenden didaktischen Entscheidungen versuchen beide Handlungsmotive in Bezug auf das Thema „Kinder-Kleider“ kritisch reflektiert einzubinden, zum einen die latent innewohnenden Projektionen der Lehrpersonen und Erwachsenen auf die Kinderkleidung und zum anderen die Förderung einer größtmöglichen Gestaltungs- und Ausdrucksfreiheit auf Seiten der Kinder.

3.2. Kinder-Kleider im Unterricht der 1.-6. Klassen, didaktisch begründet

Die obige Diskussion hat deutlich gemacht, dass es unmöglich ist, Kinder und ihre Kleider in eindeutige Ordnungsstrukturen von richtig und falsch zu fassen. Beide Phänomene „Kindheit“ und „Kleider“ wandeln sich ständig und es kann aus der Erwachsenenperspektive keine kindgerechte Kleidung gestaltet werden, denn in jedem Kleidungsstück für Kinder spiegeln sich gesellschaftliche bzw. milieubedingte Vorstellungen der jeweiligen Kultur, historische Entstehungsprozesse (technologisch, ökonomisch etc.), wie auch individuelle Wünsche und Phantasien der Kinder selbst mit (vgl. Selle/ Boehe 1986). Dennoch muss die Lehrperson des Textil-, Kunst-, Sach- oder Deutschunterrichts, die Kinderkleider als Unterrichtsprojekt in ihrer Klasse thematisieren will, didaktische Schwerpunkte setzen, und damit einen Standpunkt bezüglich der Kinder und ihrer Kleider beziehen. Vor allem muss sie sich über ihre eigenen Projektionen bezüglich Kindern und ihren Kleidern bewusst werden.
Im Freiarbeitsmaterial dieses Buches ist versucht worden, weitestgehend die Kinder und ihre praktischen Gestaltungen von Kleidern in den Mittelpunkt zu rücken und nicht so sehr die Vorstellungen von Erwachsenen, so weit dies

aus dem Blickwinkel von erwachsenen Autoren überhaupt möglich ist. Immer dann, wenn historisches Wissen über Kinder und ihre Kleider gefragt ist oder wenn über andere Kulturen informiert wird, rücken jedoch eher kulturelle Ordnungsmuster in den Blickpunkt. Im Folgenden werden verschiedene didaktische Schwerpunkte zum Thema „Kinder-Kleider" theoretisch vorgestellt und in Bezug zu den praktischen Freiarbeitsmaterialien gesetzt. In den Begründungen beziehe ich mich auf textil- und kunstdidaktische Ansätze, die ich aber aus Platzgründen nicht detailliert darstellen werde. In einigen Unterrichtsprojekten wird eher Kinderkleidung als textile Sachkultur oder materielle Kultur thematisiert, in anderen werden ästhetische Zugänge oder konstruktivistische Störungen bei Kindern in Bezug auf Kleidung initiiert, wieder andere Unterrichtsprojekte befassen sich mit den kulturellen Mustern des Genders oder lassen sich lebensbiografisch einordnen.

3.2.1 Kinder-Kleider und kulturelle Ordnungsmuster

Seit den 80er Jahren des letzten Jahrhunderts wird in der Textildidaktik verstärkt ein kulturell orientierter Ansatz verfolgt, der die textilen Objekte oder Textilien als Ausdruck der materiellen Kultur betrachtet. Dazu zählen die „Textile Sachkultur" von Köller (1999) und El-Gebali Rüter (1999), Herzogs „ästhetisch-kultureller" Ansatz und solche die nicht nur die textilen Objekte der eigenen, sondern auch der fremden Kulturen mit heranziehen, zu denen Herzogs (1990) „interkultureller - ", Helmholds (1992) „transkultureller Ansatz" und mein „Fremdkulturelles Verstehen von Textilien" (2002) zählen. Die folgenden Argumentationen beziehen sich auf diese theoretischen Didaktikkonzepte.

Wollte man dem kulturell orientierten didaktischen Schwerpunkt zur Kinderkleidung ein Motto geben, so könnte man salopp formulieren: „Zeigt mir eure Kinderkleider und ich sage euch, wer ihr seid!". Denn es stehen beim kulturellen Ansatz die Kinderkleider selbst zunächst im Mittelpunkt. Allerdings geht es hier darum, aufzuzeigen, dass diese Pseudopsychologie mit ihren simplen Schwarz-Weiß-Zuordnungen einfach nicht funktioniert, im Gegenteil, dass sie zu schwerwiegenden Vorurteilen führt, besonders wenn man fremde Kulturen und ihre Kinderkleider so stereotyp betrachtet. Es wird also versucht aufzuzeigen, wie man als Lehrperson Kindern die kulturellen Ordnungsmuster, die in Kleidern stecken, bewusst werden lassen kann, ihnen aufzeigt, woher diese Muster kommen, warum sie sinnvoll sind und inwieweit sie auch die Kinder eingeschränkt haben und einschränken werden. Wir haben uns in diesem Buch für die stark kulturell bedingten Ordnungsmuster „Arm und Reich", „Jungen und Mädchen" und „Kinderkleider in anderen Kulturen" entschieden, wie im Folgenden gezeigt wird.

3.2.1.1 Arme Kinder = Arme Kleider und Reiche Kinder = Reiche Kleider?

Wir haben das Ordnungsmuster „Arme Kinder = Arme Kleider und Reiche Kinder = Reiche Kleider" als einen Schwerpunkt gewählt, weil es sich gerade für Kinder der 1.-6. Klassen an der didaktischen Schnittstelle zwischen Subjekt- und Sachorientierung verorten lässt. Die eigene Betroffenheit bezüglich der Quantität, Qualität und des Prestigewertes von Kleidern spüren Kinder in der westlichen Kultur schon im Grundschulalter und es lassen sich aus historischer wie auch aktueller Perspektive interessante Fragestellungen entwickeln.

El-Gebali-Rüter bezieht sich in der Theorie ihrer „Textilen Sachkultur" (1999) auf die Ausführungen des Soziologen Schulze zur „Erlebnisgesellschaft" (1997), wonach heute die Trennung des 19. Jahrhunderts zwischen Hochkultur- und Trivialschema in Bezug auf Kleidung nicht mehr aufrecht erhalten werden kann, sondern wir und besonders unsere Kinder und Jugendlichen, eher in einem Spannungsschema leben. Dieses Spannungsschema ist geprägt von Dynamik und Aktion. Die Inszenierung des Körpers spielt eine große Rolle, was sich zur Zeit besonders deutlich in der Mädchenmode äußert, doch die Jungen stehen ihnen teilweise in nichts mehr nach. In aufwändiger Markenkleidung stellt man sich genussvoll dar und erhöht so das eigene Selbstwertgefühl. Das Problem der Labelkleidung ist schon weiter oben thematisiert worden. Im Spannungsschema müssen sich die Menschen ständig neu abgrenzen, sich von dem Anderen abheben. So sind auch in den Klassen immer wieder neue Cliquen und Modetrends zu beobachten, wo Kinder, die weniger begütert sind, schnell ins Abseits geraten. Schulze charakterisiert die Menschen, die in einem Spannungsschema von Hoch- und Trivialkultur leben, als äußerst narzisstisch und ichbezogen. Das Outfit ist Spiegelbild des Inneren und setzt die Menschen unter einen hohen Druck des äußeren Scheins. Auch schon viele Kinder sind davon betroffen, weil sie im Ordnungsmuster ihrer Eltern aufwachsen. Das bedeutet aber nicht, dass alle Kinder so sind, bzw. dass das Spannungsschema sich nur negativ auswirkt, wie es vielleicht gerade angeklungen sein mag. Im Gegenteil, es bietet auch große Chancen, weil es dynamisch angelegt ist und den Kindern Möglichkeiten zum Experimentieren mit Kleidung bietet, falls sie lernen, diese zu nutzen.

Die Unterrichtsprojekte (Akte Auch haben wollen... Aber was?) regen zu Fragen wie den folgenden an: Ist jemand wirklich arm, nur weil er sich keine Markenkleidung leisten kann? Ist die Klassenkameradin nicht mehr meine Freundin, wenn sie in No-Label-Jeans herumläuft (vgl. Dabei Sein = In Sein)? Woran machen sich Armut und Reichtum überhaupt fest? Ist der äußere Schein der Kleidung ein verlässliches Mittel auf die ökonomische Situation oder auf den Charakter eines Menschen rückzuschließen (vgl. Kleider können lügen)? Was erscheint alles in meinem Kleiderschrank, wenn ich ihn mal so richtig ausmiste oder eine Razzia veranstalte (vgl. Razzia im Kleiderschrank)? Wie viele Kleidungsstücke besaßen die Kinder in früheren Zeiten? Konnten sie sich auch mehrere Hosen leisten? Wie teuer waren diese Kleidungsstücke? Bin ich reicher oder ärmer, wenn ich viele billige Kleidungsstücke besitze oder wenige qualitativ gute? Was mache ich mit Kleidungsstücken, die schnell wieder out sind, aber noch nicht aufgetragen?

Dies sind nur einige Fragen, die in den Unterrichtsmaterialien anklingen, um unser kulturelles Ordnungsmuster bezogen auf Armut und Reichtum in Kinderkleidern auf seine Verlässlichkeit zu hinterfragen. Ziel ist dabei, den Kindern deutlich zu machen, dass jeder Mensch sich ein Bild von reicher und armer Kleidung macht, das aus seinem kulturellen Umfeld mitgeprägt wird, also lebensgeschichtlich kontextualisiert ist und damit auch sinnvoll erscheint. Aber dieses Bild ist lediglich ein kleiner Ausschnitt von möglichen Arm-Reich-Ordnungsmustern bezogen auf Kleidung, die schon beim Klassenkameraden, der neben einem sitzt, anders geprägt sein können und die deswegen nicht weniger sinnvoll für ihn sind. Wenn Kinder schon in der Grundschule erfahren, dass die textile materielle äußere Hülle zwar einen ersten Eindruck vermittelt, dieser aber unbedingt kritisch hinterfragt werden muss, um einen Menschen wirklich kennen zu lernen, ist ein sinnvoller Beitrag zur Entwicklung der Kinder geleistet worden, denn im Sinne von Menschenbildung haben sie erfahren, dass die eigene Perspektive nicht die einzig Wahre sein muss, sondern dass man erst im Perspektivenwechsel zu einem komplexeren Verständnis des Phänomens Kinderkleidung gelangen kann.

3.2.1.2 Mädchenkleider – Jungenkleider

Durch die gesamte Geschichte der Kinderkleidung in der westlichen Kultur zieht sich ein abgrenzendes Ordnungsmuster zwischen der Art und Weise, wie Mäd-

Abb. 9

chen und wie Jungen gekleidet werden. Bis ins 19. Jahrhundert hinein wurden noch viele kleine Jungen bis zum Alter von ungefähr drei bis vier Jahren genau wie Mädchen in Kleider, bzw. Röcke gekleidet (Purrucker 1975), was den meisten heutigen Kindern eher komisch vorkommt (Abb. 9). Es werden dafür verschiedene Gründe herangezogen, zum einen waren Kleider für Kleinkinder hygienischer, zum anderen waren die Kinder angeblich bei Überfällen besser geschützt, da man kleinen Mädchen weniger antat als Jungen. Auf jeden Fall aber wurden mit fortschreitendem Alter, den Jungen Hosen angezogen, wohingegen die Mädchen Röcke anbehielten. Dass Frauen heute beides tragen können, ist erst eine Errungenschaft des frühen 20. Jahrhunderts. In Schulen setzte sich diese Möglichkeit des Hosentragens für Mädchen erst in den 60er Jahren verbreitet durch. Jungen hingegen erhielten nicht die Chance, auch Röcke tragen zu dürfen, denn diese gelten in unserer Kultur bis heute als weiblich oder verweichlichend und nur wenige Männer haben bisher den Mut gefunden, öffentlich einen Rock zu tragen, was in anderen Kulturen der Normalfall ist, wie z.B. in Indonesien, in der schottischen Uniform oder in afrikanischen Ländern.

Aber nicht nur die Zuordnung des Rockes ist kulturell gemacht, ebenso verhält es sich mit der Zuordnung von Kleiderfarben und Accessoires zu den Geschlechtern. Studierende eines Seminars mit dem Thema „Kinder und ihre Kleider“ (durchgeführt im SoSe 2002 an der Universität Paderborn) untersuchten Werbung für Kinderkleidung in Bezug auf Mädchen- und Jungenstereotypen.

Abb. 10

Sie werteten Werbung für Kindermarkenkleidung, in Versandkatalogen und Katalogen von Verkaufsketten wie H&M aus.
Mädchen wurden als Kleinkinder meist in niedlicher Kleidung fotografiert und mit zunehmenden Alter immer stärker erotisiert bzw. sexy präsentiert. Jungen waren eher sportlich, bzw. im Kindesalter cool angezogen. Lediglich in der sportlich ausgerichteten Mode gab es Überschneidungen von Jungen- und Mädchenkleidung (Abb. 10). Jungen wurden mit in die Außenwelt gerichteten Accessoires dargestellt: Ball, Handy, Surfbrett, Skateboard, Motorrad, Gummiflitsche. Mädchen hingegen mit Accessoires, die Fürsorge und auf die Hausarbeit gerichtete Tätigkeiten assoziieren lassen: Gießkanne, Tiere, Springseil, Wasserflasche, Körperlotion.
Babys und Kleinkinder werden ebenfalls verniedlicht. Sie tragen Kleidung, die sie wie kleine Bärchen aussehen lassen: Mützen mit Ohren oder Fellanzüge prägen vor allem die winterliche Kleidung. Die Farben der Babykleidung sind pastellig oder in starken Primär- und Sekundärfarben gehalten. Je älter die Kinder werden, um so mehr kristallisieren sich mädchentypische Farben (Rot/Rosa, Gelb, Orange) heraus, bzw. jungentypische Farben (Braun, Beige, Grün, Blau). Eine Studierende des Seminars, die selbst zwei Söhne im Grundschulalter hat, berichtete, dass ihre Jungen immer gerne die blauen und grünen Sweatshirts trügen, die sie ihnen mitbrächte. Erst im Verlauf des Seminars wurde ihr bewusst, dass sie ihren Jungen gar keine Möglichkeit lässt, andere Farben auszuprobieren. Sie ist selbst so sehr im kulturell geprägten Farbmuster = Tarnmuster für Jungen verhaftet, dass sie es nicht mehr hinterfragt hat, bzw. auch ihre Söhne fühlen sich scheinbar in den für unsere Kultur zur Zeit jungentypischen Farben wohl, weil sie dadurch zu ihrer Peer Group passen und dazugehören.
Die derzeitige Jungenkleidung, mit ihren an die Bundeswehr erinnernden Tarnfarben, die Anleihen an amerikanische Gefängniskleidung, wie z.B. die tief im Schritt sitzenden Baggy-Hosen ohne Gürtel, symbolisiert einen äußeren kampfähnlichen Tatendrang, der sie für die feindliche Außenwelt zu

wappnen scheint, während die Mädchen sexy und erotisierte Kleidung tragen, die weiterhin, wider allen Emanzipationsbestrebungen der letzten Jahrzehnte, für die Reproduktion, das Häusliche, die Fürsorge stehen. Mädchen sind im Alltag eher bereit, sich an der männlich geprägten Camouflage-Kleidung aktiv zu beteiligen, wohingegen Jungen in den seltensten Fällen das weibliche Erotisierungsprogramm oder Röcke für die Gestaltung ihres Outfits aufgreifen.

Was mit diesen beiden Beispielen aus Geschichte und Gegenwart zu Mädchen- und Jungenstereotypen im Kleidungsverhalten gezeigt werden soll, ist, dass diese äußerlichen Zuschreibungen kulturell gemacht sind (Scheu 1997), die Forschung spricht auch von einem „doing gender" (West, Zimmermann 1991). Diese geschlechtsspezifische Zuschreibung ist in unserer Gesellschaft immer noch hierarchisch ausgerichtet, denn die in die Öffentlichkeit gerichteten Tätigkeiten werden weitaus besser entlohnt. Schon die kleinen Kinder werden also unter anderem über die Kleidung in Bezug auf ihr Geschlecht und die zugeschriebenen Aufgaben in ihrer Kultur hin sozialisiert.

Hier kommt noch ein weiterer Faktor mit ins Spiel, dass nämlich fast alle Lehrpersonen in der Grundschule Frauen sind und somit ihre eigene weibliche Sozialisation als latente Werte mit in den Unterricht tragen, wenn sie sie nicht intensiv reflektiert haben. Die Jungen werden in gewisser Weise erheblich diskriminiert. Sie haben kaum noch männliche Vorbilder, von ihnen wird gesellschaftlich ein aktives, „kämpferisches" und durchsetzungsfähiges Wesen erwartet, doch in der Schule wird diese Art sofort sanktioniert, weil es nicht in weibliche Erwartungsmuster von folgsamen, angepassten eher weiblichen Kindern passt. Man möchte an dieser Stelle zu gerne fragen, ob vielleicht auch daher die erhöhte Verabreichung von Ritalin gegen das ADS-Syndrom herrührt, womit auch aktive nach außen gerichtete Mädchen vorschnell stigmatisiert werden. Dieses Medikament kommt einem manchmal, metaphorisch gesprochen, wie eine Zwangsjacke für Kinder vor, die in Form einer Pille in manchen Klassen fast stündlich an ein betroffenes Kind verabreicht werden.

Ähnlich einseitig geschlechtlich ausgerichtete Vorlieben können bei Kleidungsprojekten im Unterricht auftreten, indem nämlich Lehrpersonen typisch weibliche ästhetische Gestaltungsweisen vor Augen haben, die männlichen Ästhetiken aber eher ablehnen. Hier ist sehr viel Reflexionsarbeit zu leisten, und vor allem müsste man männliche Kollegen mit in den Unterricht holen, bzw. Schon- und Gestaltungsfreiräume für typische Jungen- und Mädchenästhetiken (Kämpf-Jansen 1990) zulassen, so dass die Kinder selbst ihre Unterschiede erkennen, die Andersartigkeit zulassen und nicht sofort bewerten.

Ausgehend von historischen Prinzessinnen und Prinzenkleidungen (vgl. Akte Prinzessinnen und Prinzen) können Kinder in diesem Buch sich ein Bild davon machen, wie Jungen und Mädchen durch Kleider in bestimmte Rollen gepresst wurden, die auf den ersten Blick aus heutiger Sicht nicht immer leicht zu unterscheiden sind und weitergehend die Frage stellen, welche typisch mädchen- bzw. jungenhaften Accessoires noch heute in den Klassenzimmern anzutreffen sind.

Eindeutige Erklärungsmuster geben die Unterrichtseinheiten nicht, sondern auch beim Ordnungsmuster „Jungenkleidung – Mädchenkleidung“ ist das Unterrichtsziel, den Kindern die hinter den Mustern stehenden Werte und Normen zu vermitteln, die eine Gesellschaft in weiten Teilen für sinnvoll und richtig hält und die Sicherheit und Orientierung bieten, aber gleichzeitig oftmals den einzelnen auch einengen. Sie können jederzeit von den Mitgliedern selbst verändert werden, wozu es teilweise einer großen Kraftanstrengung bedarf, wenn die Muster sehr fest gezurrt worden sind, wie im Fall der Geschlechterstereotypen.

3.2.1.3 Kinder-Kleider in fremden Kulturen

Als drittes größeres kulturelles Ordnungsmuster im Freiarbeitsmaterial ist die Kinderkleidung im Vergleich der eigenen und fremden Kultur gewählt worden. Unter dem Stichwort, was tragen eigentlich typisch deutsche Kinder, japanische oder mexikanische begeben sich Marie und Toby, die Kinder eines deutschen Botschafters, auf Reisen durch andere Länder. Nachdem sie selbst durch die Augen zweier amerikanischer Kinder mit klassisch deutschen Klischees, wie Lederhose, Dirndl, blonden Zöpfen etc. in eine kulturelle Schublade gepackt worden sind, werden sie im Laufe der Reisen immer vorsichtiger bei ihren Beobachtungen anderer Kinder und wie diese „landestypisch“ gekleidet sind. Im Sinne des fremdkulturellen (Kolhoff-Kahl 2002) oder transkulturellen (Helmhold 1992) Verstehens wird den Geschwistern deutlich, dass fremde Kinderkleider, indem man versucht, diese aus den eigenen Lebenserfahrungen heraus zu interpretieren, immer ein Stück weit assimiliert und damit den eigenen kulturellen Werten zugeordnet werden. Das, was zunächst in der Kleidung der anderen Kinder ähnlich wie in der eigenen ist, wird nicht so bewusst wahrgenommen, sondern eher das exotisch andere, was man liebend gern nachmachen würde. Doch dies gelingt nie so richtig, wie es Marie mehrfach erfahren muss.

In den Geschichten von Marie und Toby wird versucht, das für Kinder verständlicher zu problematisieren, was in den letzten Jahren im Textil- und Kunstunterricht in der Praxis vielfach geschehen ist: Die so exotisch und noch in Handarbeit hergestellten Kleider und Accessoires für Kinder in uns fremden Kulturen, z.B. die Mocassins der Indianer, Reservierungstechniken der Afrikaner, Kimonos der Japaner etc. werden im Unterricht imitiert und meist werden dabei die fremden Kulturen mit Klischees überfrachtet, wie z.B. die des Wilden Westens, die Ursprünglichkeit afrikanischer „Stammeskulturen“ oder die laszive Welt der „Geishas“. Dieses Kopieren soll darüber hinaus auch noch ein interkulturelles Verstehen und Tolerieren der fremden Kultur bei den Kindern und Jugendlichen bewirken, als wenn man einen

Indianer und seine Lebenssituation besser verstehen könnte, wenn man seine Schuhe nachgenäht hat. Zynisch bezeichnet Maset dies als „Zurichtung des Fremden mittels Kunstpädagogik“ (2001). Doch wenn man im sicheren Bereich der didaktischen Theorie in der Hochschule argumentiert, ist es immer leicht, die Akteure der Schulpraxis für ihr Tun zu kritisieren.

Abb. 11

Bei dem vorliegenden Unterrichtsprojekt ist nun versucht worden, die Problematik des fremdkulturellen Verstehens in ihrer Doppelschichtigkeit im Schulunterricht zu erhalten. Den Kindern soll bewusst werden, dass sie, wenn sie eine fremde Kultur miterleben dürfen oder sich über sie informieren oder versuchen, sich von ihren Gestaltungen inspirieren zu lassen, immer nur Fragen und Sichtweisen entwickeln können, die auf ihren eigenen kulturellen Ordnungsmustern basieren. Diese Ordnungsmuster brauchen sie in ihrer Heimat, um sich sicher fühlen zu können und eine Orientierung zu entwickeln. Doch würden sie die fremde Kultur nur mit Vorurteilen belegen, wenn sie ausschließlich bei ihren eigenen Ordnungsmustern stehen blieben. Daher sollen die Schüler und Schülerinnen nach Gemeinsamkeiten und Unterschieden in der eigenen und fremden Kultur suchen, um zu spüren, dass Kulturen nicht voneinander getrennte Inseln sind, sondern dass es Überschneidungen gibt, in denen man sich auch selbst neu verorten kann (Bhabha 2000) (Abb. 11). Die japanischen Kinder, die von Marie fotografiert werden, tragen teilweise Schuluniformen, ein anderes Mal Kimonos.

manchmal sind sie aber auch so gekleidet wie Marie es selbst ist. Was ist nun typisch japanisch in der Kinderkleidung? Dies fragt sich Marie immer häufiger und sie muss aushalten, dass sie ihre Bemühungen, die andere Kultur und ihre Formen der Kinderkleidung in eindeutige Muster zu ordnen, nicht umsetzen kann, weil es immer wieder Ausnahmen gibt. Sie kann sich Informationen besorgen, indem sie die Menschen selbst interviewt, Wissenschaftler befragt, Bücher liest, im Internet surft, aber letztendlich spürt sie, dass eine Kultur nicht auf bestimmte Eckpunkte festzunageln ist, sondern in einem ständigen Wandel lebt.

Vielleicht ist das Bild, was Marie am Ende der Geschichte in den Sinn kommt, am treffendsten: Wie mit einer Taschenlampe hat sie versucht, die anderen Kulturen auszuleuchten und nur das gesehen, was sie als Marie sehen konnte. Ihr Bruder hat ganz andere Dinge wahrgenommen. Und am Ende gestaltet Marie keinen Kimono oder versucht, mexikanische Kopfbedeckungen nachzuahmen, sondern fängt an, für sich selbst in ihrer Gestaltungsweise Hüte zu kreieren, zwar gespeist aus all ihren neuen Reiseeindrücken, aber dennoch innerhalb ihrer eigenen kulturellen Ausdrucksmöglichkeiten.

3.2.2 Kinder-Kleider als konstruktive Störung

Im Aufeinandertreffen der Kinderkleidung aus fremden und eigenen Kulturen sind im Unterrichtsprojekt „Was ist eigentlich typisch deutsche, japanische etc. Kinderkleidung?“ vielfältige Störungen in der Wahrnehmung von Marie und Toby aufgetreten, die sie dazu gebracht haben, ihre bisherigen Muster und Ordnungen von Kleidern für Kinder zu akkomodieren, um wieder ein Gleichgewicht oder eine Äquilibration zwischen sich und der Umwelt zu schaffen (vgl. Piaget 1974).

In der kindlichen Sozialisation treten ständig Selektionsprozesse in Bezug auf Kleidung auf, die kulturspezifisch sind, und zwar so, dass sie die jeweiligen jungen Menschen befähigen, in bestimmten Situationen angepasst zu handeln (Kolhoff-Kahl 1998, 176). Würde es aber bei immer diesen selben Ordnungsmustern bezogen auf Kleidung bleiben, könnten sich die Kinder nicht verändern, kurzum nicht lernen und damit auch nicht selbstbestimmt leben, denn sie wären in ein enges Korsett von Kleidervorschriften gezwängt.

Daher bedarf es einer Fülle von relevant erscheinenden „Perturbationen" (Maturana/Varela 1987), wie die Konstruktivisten dies nennen, damit das Individuum ständig neue Handlungs- oder Gestaltungsoptionen herausbilden kann (von Foerster 1985). Es ist also sehr entscheidend, welcher Input im Textil- oder Kunstunterricht bezüglich der Kinderkleidung gesetzt wird. Während im kulturgeschichtlich orientierten Ansatz eher kulturelle Ordnungsmuster als Input im Mittelpunkt stehen, setzen konstruktivistisch didaktische Entscheidungen stärker auf das Kind als lernenden Menschen. Möglichst individuelle Verarbeitungen eines Inputs, am besten sogar selbst beobachtete Störungen, führen die Kinder zu wirklich eigenem selbstorganisiertem Lernen. Das bedeutet, dass sich die Störungen in Bezug auf Kinderkleidung an die Kinder ankoppeln müssen. Je vielfältiger sie sind, je differenzierter und unkonventioneller eine Lehrperson nach Material und Ideen zu suchen vermag, um so eher werden viele Kinder ihre Wahrnehmungsmuster verändern können (Abb. 12).

In Form eines Buches solchen Input zu formulieren, ist eigentlich ein Widerspruch, denn damit wären die Einstiegsprobleme schon wieder in relativ gleichförmige

Abb. 12

Aufgabenstellungen gepresst. Es ist aber an vielen Gestaltungsaufgaben des Buches zu spüren, wie schablonenhafte Handlungsanweisungen vermieden, dafür sehr offene Gestaltungsanregungen angeboten werden, die jeder Schüler und jede Schülerin individuell angehen kann. Wenn Melanie und Manuel feststellen, dass die Kleider des barocken Adels wie Baukonstruktionen aussehen, in denen man sich kaum bewegen kann, und nun beschließen, aufgrund dieser Störungen, nämlich der Erkenntnis, dass man Kleider für den Körper konstruieren oder bauen kann, beschließen, sich neue Zugänge und Gestaltungsformen für ihre eigenen Kleider zu suchen, verändern sie ihre bisherigen Kleidungsmuster und konstruieren somit neue Wirklichkeiten (vgl. Gebaute Kleider – Barocke Feste). Im Buch konnten natürlich nur einige Bildanregungen und Texte als Störungen geboten werden. Es liegt jetzt sehr stark an der Lehrerpersönlichkeit, ob sie in der Lage ist, den Kindern und Jugendlichen zu vermitteln, wie sie ihre Handlungsoptionen im Kleidergestalten weiter entwickeln können. Eine konstruktivistisch arbeitende Lehrperson wiederholt nicht ihre Unterrichtseinheiten, indem sie sie fertig aus dem Ordner zieht und Jahr für Jahr dieselben Anleitungen verteilt. Sie lässt sich immer wieder neu auf die Kinder ein, beobachtet das Kleidungsverhalten, um gute, störende Einstiege zu finden und gibt den Schülern und Schülerinnen das Gefühl, dass ihre Gestaltungsversuche ernst genommen werden. Weiterhin sammelt diese Lehrperson selbst alles Material, was ihr in Bezug auf Kinderkleidung in die Hände fällt: Bilder, Filme, Bücher, Kleidungsstücke, Tagebücher, Kinderkleidungsprospekte, Internetadressen, Fotos, Texte, Zeitungsartikel etc. Es ist auffällig, wie wenig Textil- und Kunstlehrpersonen sich in Schulen Archive oder Handapparate anlegen, in denen die Schüler und Schülerinnen stöbern dürfen, um sich stören lassen zu können.

An dieser Stelle werden nicht alle konstruktivistisch motivierten didaktischen Entscheidungen in den Unterrichtsmaterialien vorgestellt, weil jeder Interessierte hier selbst entscheiden muss, was auf ihn an Ideen störend wirkt und wo Lust und Neugier bestehen, zum Thema Kinder und ihre Kleider weiterzuarbeiten. Kennzeichnend für den konstruktivistischen Ansatz in einigen Unterrichtsmaterialien ist jedoch die sehr offene Methode, in der solch ein Unterricht durchgeführt wird. Die teilweise chaotisch erscheinenden Kleidgestaltungsphasen, in denen Fragmente entstehen, wo es viele Umwege geben wird, wo kein Kind zu demselben Endprodukt wie das andere gelangt, sind nicht immer leicht auszuhalten. Doch möchte ich Mut zu diesem Unterricht machen, weil vor allem so individuelle ästhetische Gestaltungsprozesse besonders gefördert werden können.

3.2.3 Kinderkleider als ästhetischer Ausdruck von Kreativität

Die diesem Buch zugrunde liegende didaktische Begründung für das Thema Kinder und ihre Kleider ist nicht nur kulturell oder konstruktivistisch geprägt. Wie schon erwähnt, sind der Schüler oder die Schülerin und die Förderung ihres kreativen ästhetischen Ausdrucksvermögens die absolute Priorität in diesem Unterrichtsbuch. Angelehnt an die ästhetischen Forschungen von Kämpf-Jansen (2001) aus der Kunstdidaktik, meine theoretischen Begründungen zur ästhetischen Infizierung von Kindern, die sogar Heilungsprozesse in Form von Selbststärkungsprozessen auslösen können (Kolhoff-Kahl 2002), Vallentins ästhetischer Bildung (2002), die ähnliche ganzheitliche und sinnstiftende Gestaltungsprozesse im Textilunterricht fördern will und sich von dem eher technikorientierten Unterricht verabschiedet, wird in fast allen Unterrichtsprojekten versucht, die sinnliche Wahrnehmung und Gestaltung der Kinder über den Ausdruck des Kleides, sei es in der Verkleidung, in der Verfremdung, in der selbsttätigen Gestaltung in Form von Konstruktionsprozessen, zu fördern. Ziel ist, dass Kinder und Jugendliche Freiräume zur ästhetischen Gestaltung finden, in denen sie fern ab von Konventionen, Zwängen und Normen experimentieren dürfen, in denen verrückte Fragen, Recherchen, Versuche, Ideen erlaubt sind, die im Alltag viel zu viel Mut verlangen würden.

Eine Schülerin wählte beispielsweise aus abgelegten Kleidungsstücken einen Stökkelschuh aus, den sie zaghaft anprobierte. Er war ihr viel zu groß, sie wackelte darauf und als ich sie fotografieren wollte, hielt sie sich beschämt die Augen zu (Abb. 13). Dennoch hatte sie eine Hemmschwelle überwunden und sich und ihre Person mit einem Schuh in Kontakt gebracht, der Grundschulmädchen in unserer Kultur aus unterschiedlichsten Begründungen heraus versagt bleibt. Es war für sie eine sinnliche Erfahrung, die auch eine Art Grenzüberschreitung bedeutete. Am Ende der Stunde bat sie sogar darum, den Schuh mit nach Hause nehmen zu dürfen und als sie nach der vierten Klasse in die weiterführende Schule wechselte, erzählte sie mir, dass der Schuh als Erinnerung an unser Praktikum noch immer in ihrem Regal stehe.

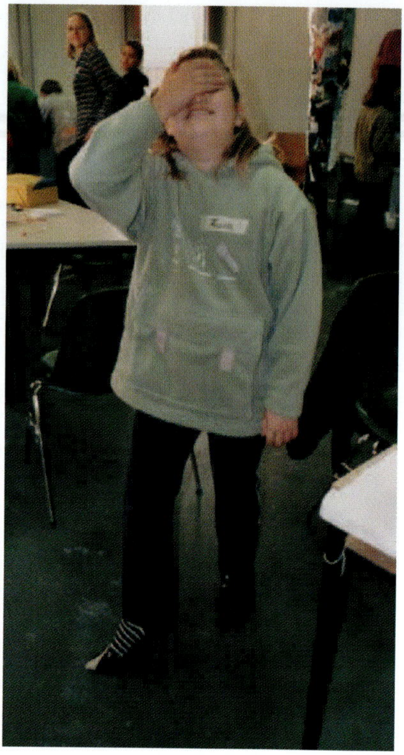

Abb. 13

Ästhetisch, also sinnlich, Kleider für Kinder aus ihrer eigenen Perspektive erfahrbar zu machen, Schonräume oder „Leerstellen“ (Blohm 2000) vor Erwachsenenprojektionen zu bieten, bedeutet im Unterricht allerdings verstärkt ästhetische Grundstrukturen von Kindern zu spüren. Dies sind meist nicht die Farbenlehre oder die Schnittlehre, Gestaltungsgesetze oder Kostümgeschichte, sondern Kinder arbeiten eher in Form einer endlosen „Bricolage“: Sie bauen auf, zerstören, bauen wieder auf. Sie probieren, verwerfen, phantasieren und bilden so die Fundamente ihres Identitätsgefühls. Gesetze und Lehren werden erst im Nachhinein gebildet, ähnlich wie beim Spracherwerb, wie mittlerweile in der Hirnforschung nachgewiesen wurde

(Spitzer 2000). Wer in ästhetische Forschungs- oder Gestaltungsprozesse von Kindern die künstlerischen Ordnungskoordinaten von Erwachsenen in Form von Belehrungen implementieren will, erntet meist nur einheitliche Gestaltungsprodukte, viel Langeweile und Frustrationen von Seiten der Kinder. Berührt worden sind sie meist nicht und vergessen tun sie diese Inhalte sofort wieder, weil sie nicht emotional verankert sind. Was hat ein Grundschulkind davon, das nicht in Kontrasten gestalten will, wenn es weiß, das gelbe Punkte auf schwarzem Stoff anders wirken als auf einem weißen. Es wird diese Gesetze auswendig lernen und anwenden, weil es dann eine gute Note erhält, aber es hat nicht mit Freude gestaltet. Es ist schwierig für uns Erwachsene zu ertragen, aber Kinder und Jugendliche machen Qualität von Kleidgestaltungen und Verkleidungen eben nicht an unseren Maßstäben fest, sondern, und dies ist hier sehr positiv gemeint, sie forschen und „basteln" im Sinne einer Bricolage, die ja in der Kunst eine eigene Stilrichtung darstellt. Und wenn man sich mit den künstlerischen Strömungen der letzten Jahrzehnte auseinandersetzt, möchte man meinen, dass die kindlichen ästhetischen Grundstrukturen sich sogar in künstlerischen Strategien wiederfinden und nicht umgekehrt, sei es das Sammeln, Archivieren, kurzzeitige Verhüllungen etc.

Einige ästhetische Grundstrukturen (nach Beltzig 1997, 89ff) von Kindern sind versucht worden, in den Projekten zu Kinderkleidern anzubieten, andere werden hier noch weiterführend in thematischen Umsetzungen vorgeschlagen:

- Die Lust am Kuscheln, an der Wärme, der Geborgenheit: So wird das Kleid für Kinder als schützende Hülle gegen die Außenwelt angeboten (vgl. Rotkäppchens Rache).
- Die Neugier auf das Unheimliche und das Andere, was Kinder aber nur lieben, wenn sie eine geborgene Heimat kennen, von der aus sie sich in das Unheimliche wagen können (Geist, Gespenst, Monster – Verkleidungen).

- Imitation des Verbotenen und des Erlaubten (Hineinschlüpfen in Mutters oder Vaters Kleidung, verbotene Kleidungsstücke heimlich anziehen, z.B. Mutters Brautschleier oder die Stöckelschuhe).
- Die Lust am Phantasieleben: Kleidungsstücke werden uminterpretiert: ein Handtuch wird zum Rock, eine Strumpfhose zur Perücke, eine Socke zum Handschuh, ein Fußball zum Hut etc.
- Das Farbempfinden ist nicht ausgerichtet an unseren in der westlichen Welt vorherrschenden Farbenlehren, sondern Kinder bevorzugen starke Farbkontraste, die sich gegenseitig beeinflussen. Farben haben für Kinder einen extremen Aufforderungscharakter. Besonders leuchtende Stoffe und Accessoires sind am beliebtesten. Materialien wie Lametta, die silberne Innenseite von Milchtüten, Folien, glitzernde Perlen und Knöpfe sind immer wieder begehrt bei Grundschulkindern.
- Kinder sind in ihrer ästhetischen Empfindung „Zwerge“ in der Erwachsenenwelt. Sie brauchen Miniaturwelten, um damit echt spielen zu können. Daher gestalten sie häufig Miniaturkleidungsstücke aus der Erwachsenen- oder Medienwelt, in die sie schlüpfen können.
- Zeiten und Entfernungen werden von Kindern ästhetisch anders erfahren. Eine Spurensuche, bezogen auf Kleider, bedeutet für Kinder, dass schon die abgelegten Kleider aus dem letzten Lebensjahr eine weit zurückliegende Vergangenheit darstellen. Bei einem Sechsjährigen macht das letzte Jahr ein sechstel seines Lebens aus. Kinder verändern sich sehr viel schneller als Erwachsene, sie wachsen schneller, lernen schneller und viel mehr in kürzeren Zeitspannen. Für sie ist alles Gegenwart, die ständig gesprengt und verändert wird.

Die Gemeinsamkeit der ästhetischen Erfahrung von Kindern bezogen auf ihre Kleider besteht darin, dass sie stark geprägt wird von Imaginationen, von Fantasien und emotionalen Empfindungen, die jedes Kind tagtäglich

verspürt, die aber im Alltagsleben oft den kulturellen Ordnungsmustern untergeordnet werden. In den Kleidprojekten sollen gerade in den Gestaltungsphasen diese emotional gefärbten Handlungsmotivationen einen Ausdrucksraum finden. Solche Handlungen sind rückblickend ebenfalls rational gewesen (Seel 1985, 12), doch haben die Kinder ihr Tun meist nicht in einer linearen kognitiv geplanten Begründungsstruktur durchgeführt, sondern eher assoziativ, experimentierend einen Gestaltungsweg gesucht (vgl. Duncker 1999). In den Augen der Erwachsenen wird dies manchmal als ästhetischer Ungehorsam eingestuft, doch für die Kinder bedeutet es, Neues zu entdecken und damit innerhalb ihrer Lebenserfahrungen kreativ zu handeln.
Wenn Mario zum Beispiel unbedingt nur Blau tragen will und sein Zimmer auch nur in blauer Farbe getüncht sein soll, so bedeutet dies für seine Eltern ein ästhetisch unmögliches Vorhaben. Sie weigern sich, aber Mario wird kreativ und taucht das ganze Zimmer in blaues Licht (vgl. Mario liebt Blau.). Dieses ästhetische Erfahren, Handeln und Denken steht bei fast allen Aufgabenstellungen in diesem Buch im Mittelpunkt. Es sollen die emotionalen und sinnlichen Zugänge der Kinder und ihr Umgang mit Kleidern gefördert werden, und zwar so weit wie möglich aus der Sicht und dem Empfinden der Kinder und nicht aus formalästhetischen Kategorien, die Erwachsene bezogen auf Kleider und Design entwickelt haben. Das ästhetische Empfinden von Kleidung als Schutz für den Körper, die Farbwirkungen von Kleidern, plastisch konstruierte Kleidung usw. sind nur einige Zugänge, die hier die Sinne und Emotionen der Kinder besonders unterstützen.

3.2.4 Kinder-Kleider als biografisches Lebensmuster

Seit einigen Jahren wird auch in der Textildidaktik die künstlerische Strategie der Spurensuche mit Hilfe der Textilien als sinnvoll für Kinder und Jugendliche in ihrem gestalterischen Entwicklungsprozess angesehen. Die Ausstellung Deep Storage (Schaffner/Winzen 1998) zeigte eine Fülle von Künstlern, die seit den 70er Jahren verstärkt über das Sammeln, Archivieren und Spurensuchen bestimmte Erinnerungen, Verwandlungen, Zeit- und Raummomente festzuhalten suchen. Boltanski, Oppermann, Fischer, Messanger sind nur einige Künstler, die inspirierend auf die Didaktik des Textil- und Kunstunterrichts eingewirkt haben, unter anderem auch deshalb, weil diese Künstler das Medium Textil als ein extrem spurentragendes erkannt und in ihre Kunst einbezogen haben. Wenn Boltanski ganze Museumsböden mit Altkleidern drapiert, die man auf Stegen überqueren muss, so kommen eine Fülle von assoziativen Erinnerungen in den Besuchern hoch: vom See der Toten, Holocausterinnerungen, abgelegte Hüllen, verschwundene Menschen etc. (vgl. Schneede 1991).

In der Textildidaktik sprechen Bohnsack und Hülsenbeck von „Textilen Lebensmustern“ (2000), Herzog vom biografisch orientierten Lernen (1999), Schimmel von Erinnerungen und Verwandlungen (2000). Ich selbst habe ebenfalls mit einer Grundschulklasse eine Spurensuche versucht, indem Kinder ihrer Lieblingskleidung eine Schatzkiste gestalteten, um sie vor der Vernichtung zu bewahren (2001). Allen didaktischen Begründungen ist gemeinsam, dass über die gestalterische Auseinandersetzung mit dem Kleid oder einem geliebten textilen Objekt innere Entwicklungsprozesse beim Menschen in Gang gesetzt werden. Sei es die Bewusstwerdung von Übergangsobjekten, die Stärkung von Identitätsprozessen, die Suche nach der Vergangenheit, um die Gegenwart besser zu verstehen, die verschiedenen Funktionen von geliebten Kleidungsstücken, wie Erinnerung, erleichterndes Nachdenken über vergangene Situationen, als Talisman in schwierigen Situationen, als Kommunikationserleichterer, als Spiegel von Stimmungen, als ästhetisch wertvoll, zur Erhöhung des Selbstwertgefühls usw. (vgl. Habermas 1999, 423-424).

Sehr intensiv wird bei den biografisch orientierten Unterrichtsprojekten zur Kinderkleidung die Lebenswelt des Kindes einbezogen. Sie müssen ihr Persönlichstes preisgeben, sich teilweise unbewussten Gefühlen nähern. Manchmal gerät dieses gestalterische Arbeiten mit Kindern in therapeutische

Grenzgebiete und ist nicht leicht im Unterricht zu handhaben. Positiv am biografischen Arbeiten mit Kinderkleidung ist das Verweilen, das eingehende Arbeiten mit einem Kleidungsstück, was gerade in unserer Zeit des massenhaften Textilkonsums besonders für Kinder sinnstiftend sein kann. Hinzu kommt, dass Kinder besonders schnell aus ihren geliebten Kleidern herauswachsen. Ein zehnjähriger Junge gestaltete für seine blaue Daunenlieblingsweste einen Schatzkarton (Abb. 14). Die Weste besitzt er schon seit seinem fünften Lebensjahr und trägt sie bei Wind und Wetter. Er hat Fotos herausgekramt, seine Eltern befragt, warum sie die Weste damals so groß gekauft hätten, hat Texte geschrieben, wo er schon überall mit seiner Weste war, hat sich vorgestellt, was er tun wird, wenn sie denn irgendwann einmal nicht mehr passen sollte...

Abb. 14

Dieses Verweilen hat den Kindern große Freude bereitet. Sie haben genauer hingesehen, sie mussten sich entscheiden, was für sie das wichtigste Kleidungsstück ist, was vielen nicht leicht fiel, sie hatten das Gefühl, dass ihre Eltern jetzt niemals mehr ihr Lieblingskleidungsstück in einem Altkleidersack verschwinden lassen würden. Ähnlich ergeht es auch Studierenden, die sich anhand von Kleidungsstücken oder textilen Objekten mit einem Ausschnitt ihrer Lebensbiografie auseinandersetzen (vgl. Bohnsack/Hülsenbeck und Schimmel). Man kann jeder Lehrperson empfehlen, die sich dem Thema Kinderkleidung lebensbiografisch mit den Schülern und Schülerinnen nähern

will, zunächst selbst ein ästhetisch forschendes Tagebuch zur eigenen Kinderkleidung anzulegen, indem sie Fragen beantworten wie: Was habe ich am liebsten getragen? Was habe ich gehasst? Welches Kleidungsstück hätte ich immer so gerne getragen, habe es aber nie bekommen? Eine Studierende aus Paderborn fing ihr Kinderkleidertagebuch mit folgenden Worten an: „Kleidung, die ich nicht mochte, waren eigentlich immer die Stücke, die meine Mutter nicht alleine ausgesucht hatte. Wenn mein Vater Kleidung für mich und meine Geschwister aussuchte, achtete er meistens auf die Funktionalität. Das heißt, dass für ihn der Schönheitssinn erst an letzter Stelle kam.
Die Sachen, die er aussuchte, waren für meinen Geschmack extrem hässlich und ich habe sie auch nur ungern getragen. Was ich auch nicht leiden konnte, war, dass er meist für meine Schwestern und mich die gleichen Sachen kaufte. Sie unterschieden sich nicht einmal in der Farbe...." (Paderborn 2002).

Hier schließt sich der Bogen zu den eingangs erwähnten Erwachsenenprojektionen auf die Kleidung ihrer Kinder. Lebensbiografisches Arbeiten der Kinder mit ihrer Kleidung eröffnet auch Freiräume zu reflektieren, was von Erwachsenen gewünscht ist und was die Kinder selber wollen. In den vorliegenden Unterrichtsprojekten (vgl. Akte Spurensuche) können Kinder sich einen Koffer packen, in dem nur ihre Lieblingskleidungsstücke und andere Schätze aufbewahrt werden. Sie können aus zu klein gewordener Kleidung ein neues Kleidungsstück „patchworken" oder aber als Archäologen im dritten Jahrtausend die heutige Kinderkleidung ausgraben und Vermutungen anstellen. Alle Projekte zur Spurensicherung haben zum Ziel, die eigene Kleidung ästhetisch zu reflektieren und im Gestaltungsprozess über sich selbst neue Erkenntnisse zu gewinnen. Je älter die Kinder sind, um so leichter lassen sich die Reflexionsprozesse fördern, je jünger sie sind, um so beliebter sind entwicklungspsychologisch betrachtet die Sammelphasen und das Anlegen von Schätzen (Fatke 1991). Aber auch ältere Schüler und Schülerinnen inszenieren noch gerne kleine Altäre zu Kleidungsaccessoires, seien es die

Zopfspangen und der Modeschmuck, die Baseballkappen oder Armbanduhren.
Biografisch orientierte Unterrichtsprojekte zum Thema „Kinder - Kleider" kommen vielleicht dem „kindgerechten" Moment von Kleidung am nächsten, da die Kinder hier ihre Wünsche und Bedürfnisse am leichtesten artikulieren und gestalten können.

3.3 Schlussbemerkung

Die obigen theoretisch-didaktischen Erörterungen haben deutlich gemacht, wie schwierig es ist, von „kindgerechter" Kleidung zu sprechen. Kindgerecht ist ein Begriff, der immer abhängig ist von kulturellen Mustern und Vorstellungen, die wiederum in erster Linie von Erwachsenen geprägt sind und in die die Kinder hineinwachsen. Dies bedeutet aber nicht, dass ein kulturelles Ordnungsmuster statisch und abgegrenzt ist, sondern es verändert sich und seine Grenzen sind fließend. Die individuellen Wünsche von Menschen, ob von Erwachsenen oder Kindern, Jungen oder Mädchen, Frauen oder Männern, Alten oder Jungen, beeinflussen die kulturellen Ordnungen und Muster, so dass sich auch die Vorstellungen von Kindheit, Kleidern für Kinder oder Kleidermoden für Kinder ständig verändern.
Im Textilunterricht gilt es, dieses Wechselspiel von kulturellen Ordnungsmustern einerseits und individuellen Ausdrucksmöglichkeiten andererseits bewusst und praktisch erfahrbar zu machen. Kleiderordnungen geben uns Sicherheit, schränken aber auch ein – Kleiderfreiheiten lassen uns kreativ werden, können aber auch verunsichern, wenn alles möglich zu sein scheint. Aber gerade in diesem Spannungsfeld bewegen wir uns mit unserem Kleidungsverhalten. Jede Schwarz-Weiß-Malerei führt zu ideologischen Verkürzungen, so dass gerade in der Pädagogik die Offenheit bezüglich Kleidungswünschen und Kleidungsverhalten von Kindern gestärkt werden muss.
An dieser Stelle möchte ich noch kurz auf Grenzen des Themas „Kinder-Kleider" im Schulunterricht eingehen. Das Hereinnehmen des privaten

Lebensbereiches von Kindern bringt gerade im biografischen Ansatz Schwierigkeiten mit sich, weil auch noch die Freiräume des sich Kleidens und Inszenierens pädagogisiert und Fluchtwege und Abenteuerräume beschnitten werden (Baacke 1983). Derzeitige Kleidungsfreiräume von Jugendlichen sind sehr eng geworden, wie es sich in der letzten Shell-Studie gezeigt hat. Jugendliche können kaum noch gegen ihre Eltern protestieren, weil diese selbst so jugendlich geworden sind, dass man sich nicht mehr gegen sie auflehnen kann. „Mütter tauschen mit ihren Töchtern die Kleidung, machen dieselben Diäten, und Väter begleiten ihre Söhne auf Popkonzerte.“ (Schmoll 2002).

Weiterhin ist allen oben angeführten didaktischen Entscheidungen und den daraus abgeleiteten Unterrichtsprojekten gemeinsam, dass ein angestrebter Perfektionismus in der technischen Ausführung der Kleider nicht erreichbar ist und auch nicht angestrebt wird. Also solche Lehrpersonen, die sehr viel Wert auf genaue Anleitungen und perfekte Ausführung legen, finden hier kaum Anregungen.

Außerdem sind die Ergebnisse der Kleidungsgestaltungen nach dem herkömmlichen Bewertungsmodus von Schule nicht überprüfbar, weil zum einen sehr unterschiedliche Objekte entstehen, zum anderen die Schüler und Schülerinnen sich verschiedene Projekte zur selben Zeit aussuchen können und nicht zuletzt, weil eine Bewertung von individuellen gestalterischen Prozessen nur schwer in eindeutige Noten von sehr gut bis ungenügend erfolgen kann. Folglich plädiere ich dafür, die Qualität der Leistungen nicht wie bisher üblich zu bewerten. In der Wirtschaft erfolgt schon seit längerem eine Entwicklung von der Kontrolle zum Qualitätsmanagement. Qualität entsteht nicht durch Prüfung, sondern kann nur erwirtschaftet bzw. erarbeitet und gestaltet werden. Nichts hat ein Mensch so schnell gelernt, wie herauszubekommen, welches die Prüfungskriterien der Lehrpersonen sind. Je mehr wir also prüfungsmäßig zentralisieren, umso mehr schränken wir Gestaltungsprozesse bei den Kindern ein, und das kann wohl kaum das Ziel einer Schule sein. Also muss man sich auf den mühsamen Prozess einlassen, dass die Kinder und Jugendlichen zunächst kreativ gestalten, das Beste aus sich im dialogischen Prozess und Reflexion mit den anderen herausholen und schließlich in der Gruppe gemeinsame Qualitätskriterien erarbeiten und festlegen.

Zuletzt möchte ich als Autorin anmerken, dass ich selbst konstruktivistische und ästhetisch infizierende oder forschende Konzepte im Unterricht favorisiere, mir aber aus meiner Unterrichtspraxis allzu bewusst ist, wie schnell man an eigene Belastungsgrenzen gerät. Es bedarf einer relativ langen Phase, bis sich die Früchte dieses Ansatzes, wie er auch meist in den Unterrichtsbeispielen des Buches vertreten ist, bei den Schülern rumgesprochen haben und schließlich auch eingefordert werden. Denn die Kinder und Jugendlichen sind die begeistertsten Abnehmer eines Gestaltungskonzepts, in dem sie sich wirklich selber ausdrücken dürfen, wo die Lehrperson lediglich als Störungsmotor fungiert, und wo es keine versteckten Gestaltungsnormen gibt. Es lohnt sich durchzuhalten, manchmal nur kleinere Unterrichtsprojekte zu wagen, die aber immer noch die individuelle Gestaltungskraft der Kinder im Auge behalten, um zu immer größeren Projekten übergehen zu können. Ich möchte dies anhand einer Gesprächssituation zum Thema Kleidung im Textilunterricht in einer 10. Klasse verdeutlichen, die vielleicht Mut macht, auch die offenen Konzepte zum Thema Kinderkleidung einzusetzen:

Schülerin: „Warum wollen eigentlich gerade Sie Textillehrerin werden?“

Lehramtsanwärterin (LA): „Warum stellst du mir so eine Frage?“

Sch.: „Ich stelle mir das fürchterlich langweilig vor. Jedes Jahr dieselben Themen unterrichten zu müssen.“

LA: „Was sind denn das für Themen, die du meinst?“

Sch.: „In der fünften Klasse Webdeckchen und Fensterdekorationen, in der sechsten Klasse Rucksäcke, in der siebten Klasse Shorts, in der achten Klasse Patchworkkissen, in der neunten Klasse Seidenmalerei und in der zehnten Klasse Kuscheltiere ...“

LA: „Aber wir haben doch gerade Fantasiekleidung gestaltet und es sind zwanzig völlig unterschiedliche Objekte entstanden, die ihr auch noch in einer Modenschau aufgeführt habt.“

Sch.: „Ja, aber das war doch die Ausnahme, weil Sie Ihre Prüfung machen mussten. Wenn Sie zu uns an die Schule kommen, müssen Sie doch auch die anderen Dinge unterrichten.“

LA: „Nein, muss ich nicht. Ich kann mit Euch die Themen wählen, die uns interessieren. Ich werde mich und ihr Euch auch mehr vorbereiten müssen, es wird mehr Sackgassen und Frustrationen zwischendurch geben, wie auch in unserem Projekt, aber es macht viel mehr Freude.“

Sch.: „Wirklich? Geht das? Was muss man denn alles machen, um Textillehrerin zu werden? Könnte ich das auch werden?“...

Diese Schülerin hat Schule, Prüfungen, Pflicht, Leistungsdruck und Langeweile so sehr internalisiert, dass sie die gerade gemachten Gestaltungserfahrungen zu Kleidung für eine absolute Ausnahme in der Schulpraxis hält. Anhand dieses Gesprächs möchte ich verdeutlichen, dass nur ein beständiges, immer wieder auf aktuelle Textilthemen zugehendes Unterrichten unser Fach erhalten kann. Diese Themen müssen sich zwischen Sach- und Subjektorientierung einordnen, zwischen kultureller Eingebundenheit und individuellem Ausbruch, zwischen historischen Wurzeln und aktueller Gestaltung, um infizieren zu können.

Die folgende Tabelle fasst noch einmal stichpunktartig zusammen, in welchem pädagogischen Feld sich das Thema Kinder-Kleider bewegt, und wie man je nach Themenwahl entweder kulturelle Ordnungsmuster in den Mittelpunkt stellt oder die individuelle Ausdrucksmöglichkeit, auch Kombinationen sind möglich.

Kulturelle Ordnungsmuster **Angewiesenheit** „Kleider für Kinder“	⟺	**Individuelle Ausdrucksmöglichkeiten** **Selbstverfügung** „Kleider der Kinder“
Soziale Aspekte: Schutz, Macht, Autonomie Prestige, Erkennungszeichen „doing gender“ Moden, Zwänge, Normen Hygiene Peer Group Initiationsriten Symbolische Bedeutung Herstellungstechniken Ökonomische Faktoren Technische Faktoren etc.	⟺ **„Kinder - Kleider“** **oder** **„Kinder und ihre Kleider“** ⟺	Verkleiden, Spiel mit Kleid und Körper Persönliches „Territorium“ Selber machen Bevorzugte Farben Bevorzugte Formen Bevorzugtes Material Bewegungsdrang Phantasien, Stimmungen Bequemlichkeit Mädchenästhetik Jungenästhetik Psychologische Aspekte: Neugier, Angst, Unheimliches, Wünsche, Freude, Lust, Gefallen etc.

4. Erscheinungsformen von Kinderkleidung tabellarisch dargestellt

(Lehrermaterial ohne Anspruch auf wissenschaftliche Vollständigkeit)

Mittelalter ca. 500 -1500				
Kindheitsvorstellung	**Berichte und Quellen zur Kinderkleidung**	**Mädchen- und Jungenkleidung**	**Materialien/ Farben/ Muster**	**Besonder-heiten**
Folgende Forschungsansätze zur Kindheitsvorstellung im MA sind hervorzuheben: Ariès Vorgehensweise kann für seine Zeit als innovativ bezeichnet werden, denn er bezieht sich auf Quellen, die nicht schriftlich fixiert sind, z.B. Kleidung und Spielzeug. Seine Kernthese lautet, dass die mittelalterliche Gesellschaft kein Verhältnis zur Kindheit hatte. Er stellt fest, dass das Kind mit etwa sieben Jahren seinen Platz an der Seite der Erwachsenen einnimmt und sich nicht länger von ihnen unterscheidet, da es nun nicht mehr auf die Hilfe der Mutter oder Amme angewiesen ist. Anhand der Kleidung folgert er, wie wenig die Kindheit damals als solche behandelt wird: Sobald das Kind den Windeln entwachsen	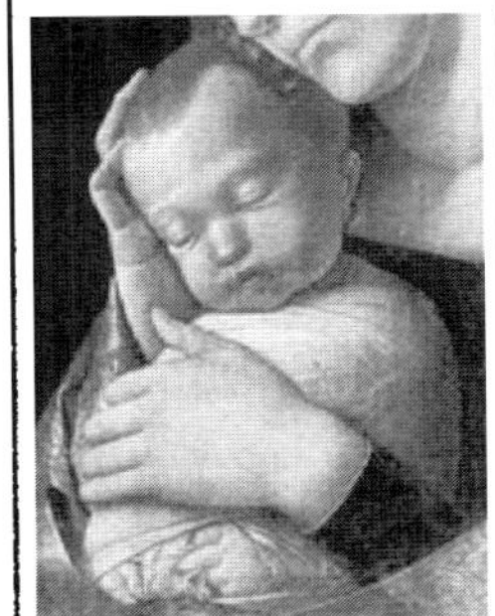 2 Der *Erziehungsgedanke* ist geprägt durch die Vorstellung, dass der Mensch erst werden müsse. Vermutlich resultiert dies auch aus Gedanken Plutarchs (50-125): „...den Gliedern der Kinder gleich nach	*Windeln/ Wickeln* Säuglinge werden häufig unmittelbar nach der Geburt fest in Leinentücher und Wickelbänder gepackt. Dies soll einerseits den Übergang aus dem warmen Mutterleib in die kalte Welt mildern, andererseits befürchtet man, dass sich die Kinder ansonsten bald die Augen auskratzen, die Ohren abreißen, die Knochen verrenken, vor dem Anblick der eigenen Gliedmaßen erschrecken oder wie ein Tier auf allen Vieren fortbewegen. Hinzu kommt der Rat einiger Mediziner, dass diese Verpackung zur Kräftigung und Begradigung der Gliedmaßen notwendig sei. → *Erziehungsgedanke* *Oberbekleidung* Sind Kinder dem Säuglingsalter entwachsen, tragen sie in der Regel einfache und bequeme Kleidung. Bis etwa zum Alter von 5/6 Jahren tragen sowohl Jungen als auch Mädchen kürzer oder länger fallende	*Leinen* für leichte Gewänder und Untergewänder, alle Bevölkerungsgruppen; *Wollstoffe* Universalmaterial, alle Bevölkerungsgruppen; *Scharlach* feinster Wollstoff, in stark leuchtenden Farben; *Baumwolle* ab 14. Jhd. in Deutschland bekannt; *Barchent* Mischgewebe aus Baumwolle und Leinen, Kleidung der	*Findelkinder* bekommen in der Regel als Zeichen ein Säckchen mit Salz um den Hals gehängt. *Kleiderordnungen* sind aus ganz Europa im MA bekannt. Die älteste bekannte aus Deutschland ist wohl das „Aufwandsgesetz“, das Karl der Große 808 erlässt. Hierin ist geregelt, wieviel man für Kleidung

ist, wird es wie Männer oder Frauen seines Standes gekleidet. Arnold geht der Frage nach, welche Vorstellung die Gesellschaft des MA von Kindheit und den Zielen der Sozialisation hatte. Dafür wertet er Quellen, etwa Chroniken, Selbstbiografien, pädagogische und medizinische Schriften und Predigten aus. Resümierend stellt er fest, dass Kinder des MA ihren festen Platz in der Gesellschaft einnehmen. Sie sind überall gegenwärtig, werden geliebt, gelegentlich von Eltern und Umwelt auch als lästig empfunden: „Licht und Schatten begleitete ihre Existenz wie heute noch.“[1] Nitschke untersucht ähnliche Quellen wie Arnold. Zur Interpretation wählt er jedoch die Methode der Interaktionsforschung, die der Frage nachgeht, welche Wechselwirkungen Erwachsene und Kinder aufeinander ausüben. Die gewählten Quellen be-	der Geburt die gehörige Richtung zu geben, (...), so muss man von Anbeginn auch die charakterlichen Anlagen der Kinder ebenmäßig bilden.“ →*Windeln/ Wickeln* In den Fresken der Capella Niccolina sind Abbildungen von Kindern in den beschriebenen Gewändern zu entdecken.  3	Gewänder mit kurzen oder langen Ärmeln. Diese Kleidung ist großzügig geschnitten, so dass die Bewegungsfreiheit der Kinder nicht eingeschränkt ist. Teilweise werden die Gewänder mit einem Gürtel versehen. Unter den weiten Hemdchen bzw. Umhängen sind die Kinder nackt. Man geht davon aus, dass die Kinder bis zum Alter von 3-4 Jahren nicht gelernt haben, ihre Blase und den Darm zu kontrollieren, und die hygienischen Gegebenheiten das Sauberwerden erschweren. Die weiten Kleider sind daher von höherem praktischen Nutzen als etwa Hosen. *Schuhe* In der Regel bekommen Kinder ihr erstes Paar Schuhe, wenn sie bereits laufen können. Man kann davon ausgehen, dass Kinder zu *Repräsentationszwecken* so wie Erwachsene gekleidet werden. Bis zum Alter von etwa sechs Jahren tragen sie ein bodenlanges Kleid (siehe Abb. *Madonna and Child with Saints*). Sind sie älter, werden sie der gängigen Mode entsprechend gekleidet.	unteren Stände. *Seide* aus dem Orient importiert, ab 11. Jh. Seidenwebereien in Italien, im hohen MA auch in Deutschland, an den Herrscherhöfen sehr begehrt und kostbar; *Seidengewebe mit Leinenkette* günstige Alternative zu venezianischen Stoffen. *Baldikin* dem Brokat ähnlicher Stoff, den höheren Ständen vorbehalten; *Samt* ab 13. Jh. in hergestellt, im Großteil der Oberschicht vorbehalten;	ausgeben darf, jedoch nicht, wie man sich kleiden soll. Aus der Zeit zwischen dem 11. Jh. und 13. Jh. sind keine Kleiderordnungen bekannt. Im 14. Jh. wechseln die Moden schnell, gleichzeitig werden immer wieder neue Kleiderordnungen erlassen. Je größer die wirtschaftliche Bedeutung wird, um so stärker scheint der Druck auf den Adel zu wer-

ziehen sich auf das Bürgertum der Städte. Danach kommt er zu dem Schluss, dass in ganz Europa zwei Tendenzen von Kindheit vorherrschend sind. Kinder als unvollkommene Wesen zu sehen, die in den ersten Lebensjahren lediglich die Erwachsenen nachahmen oder als Wesen, die in den Bewegungen und Handlungen bereits die künftigen Anlagen des Individuums erkennen lassen. Die erste Haltung bewirkt, dass sich Kinder standesgemäß entwickeln, die zweite, dass Kinder eine ihren Anlagen entsprechende Aktivität entwickeln. Festzuhalten ist außerdem, dass im MA analog zu der antiken Tradition, aus jeweils sieben Jahren einzelne Stufen des Lebens gebildet werden. Folgende Phasen sind für Kinder von Bedeutung: *infantia* die Kindheit von Geburt bis zum Alter von sieben Jahren; *puertitia* die Ju-	Auch auf dem Bild „Die heilige Sippe" des niederländischen Malers Geerten tot Sint Jans sind Kinder zu sehen, die weite, gegürtete Kleider und Kittel tragen.  [4] Die zwei folgenden Bilder zeigen Kinder, die offensichtlich zu →*Repräsentationszwecken* gekleidet sind. Die Kleidung der Kinder entspricht	Zunächst tragen *Frauen* der höheren Stände bodenlange Tuniken, darüber große, wie Mäntel getragene Umschlagtücher, die auf er Schulter oder unter dem Kinn mit einer *Fibel* bzw. einer Brosche gehalten werden. Unter byzantinischem Einfluss werden kostbare Materialien verarbeitet. Die Gewänder aus schwerer Seide und reich mit Perlen und Steinen besetzt wirken steif und prunkvoll. *Männer* des frühen MA tragen etwas kürzere Tuniken. Darunter Beinkleider aus Leinen, die durch bunte Zierbinden geschmückt sind. Unter byzantinischem Einfluss taucht in der Männerkleidung das Tablion auf, ein viereckiges Stück Stoff, das reich verziert auf der Vorderseite der Kleidung befestigt ist. Im Laufe des 12. und 13. Jhs. wird die Kleidung dem menschlichen Körper angepasst. Seit der Antike ist der Körper sorgsam verhüllt worden, nun werden seine Formen durch den Zuschnitt der Stoffe unterstrichen. *Bliaud* Aus der Tunika entwickelt sich	*Pelze* zum Kälteschutz, →*Kleiderordnungen* schreiben ab 808 vor, welcher Stand welche Pelzart tragen darf; *Zobel* oder *Hermelin* für führende Geschlechter, *Wolf* oder *Schaf* für das Volk; *Leder* überwiegend für Arbeitskleidung; Die Kleidung ist meist farbenfroh. *Brauntöne* üblich, da sie preisgünstig aus Nussschalen hergestellt werden können; *Blautöne* sehr beliebt, können mit heimischen	den, sich gewisse Privilegien zu sichern. *Kopfbedeckung* Aus dem 13. Jh. ist bekannt, dass nur Jungfrauen unbedecktes, offenes Haar tragen dürfen. Im 14. Jh. ist es auch nur Jungfrauen erlaubt, herabfallende Zöpfe zu tragen. Auch steht es nur Jungfrauen zu ein *Schapel*, ein Reif aus Metall, Schnüren oder Blumen als Haarschmuck zu

gendzeit bis etwa zum 14. Lebensjahr. Mangelndes Sprachvermögen, begründet in der nicht abgeschlossenen Zahnentwicklung, charakterisiert die Kindheit. Daneben besitzt die Siebenzahl symbolische Bedeutung: sieben Planeten, Wochentage, Todsünden, Sakramente, Bußpsalmen, freie Künste etc. Mit der Vollendung des siebten Lebensjahres gilt in der ländlichen Arbeitswelt das Kind als soweit entwickelt, dass es für seinen Lebensunterhalt sorgen kann. Auch das Stadtbürgertum hält daran fest und übergibt in diesem Alter Jungen in eine Lehre bei Handwerkern oder Kaufleuten. Ist eine geistliche Laufbahn geplant, so wird das Kind in klösterliche Obhut gegeben. Waisenkinder werden bis zu diesem Alter unentgeltlich erzogen, dann in das Leben entlassen. Weiter ist die Kindheit eng mit dem Marienkult verbunden. Vermutlich sind den meisten	in etwa der der Erwachsenen.  5→*Schapel*  6	der Bliaud, ein rein höfisches langes Obergewand aus kostbaren Stoffen. Der *Bliaud der Frauen* mit seinem eng anliegenden Oberteil ist seitlich geschlitzt und so geschnürt, dass es zu zahlreichen Zugfalten kommt. Dazu gehört ein angesetzter, schleppender Rock. Die tiefliegende Taille wird durch einen losen Gürtel betont, die Ärmel liegen eng an und enden häufig in einer sehr weiten Ärmelschlaufe. Der *Bliaud des Mannes* ist wahrscheinlich dem der Frauen sehr ähnlich. Vermutlich ist er jedoch durchgehend aus einem Stück geschnitten. Das Oberteil wird aber ebenso wie das der Frauen geschnürt. Um den Bliaud unter der Rüstung tragen zu können, ist er kürzer geschnitten. Goldstickereien verzieren Hals- und Ärmelenden, häufig auch pelzgefüttert. Etwa im 14. Jh. setzt eine Individualisierung ein. Die Kleiderformen der Geschlechter, wie wir sie heute kennen, entwickeln sich. Modetrends wechseln immer rascher. *Dekolleté* und *Schleppe* Die Oberteile	Färbemitteln hergestellt werden; *Rottöne* nicht nur dem Adel vorbehalten, preiswert aus Krapp hergestellt, auch für das einfache Volk erschwinglich; *Grüntöne* als Mischfarben recht teuer. Farbsymbolik eher der Jugend vorbehalten; *Gelbtöne* Farbe verschiedener Randgruppen der Gesellschaft, kommen für einige Zeit in einem leuchtenden *Gold-Gelb* in Mode;	tragen. Noch heute ist der Schapel in süddeutschen und schweizer Volkstrachten die Bezeichnung für eine Jungfrauenkrone. Barbara Beuys bemerkt: „Die Kinder wuchsen auf in einer Welt voll sichtbarer Zeichen und Symbole, die hielten, was sie versprachen. Wer einen teuren Zobelmantel trug, war wirklich ein vornehmer Herr. (...) Man

Menschen des MA Darstellungen der Jungfrau Maria mit dem Kind Jesus bekannt. Die dargestellte Fürsorge und mütterliche Liebe Marias zu ihrem Kind spiegeln eine idealtypische Vorstellung von Mutterschaft.		der weiblichen Kleidung werden nochmals enger. Der seit der Bronzezeit vergessene Knopf wird wieder eingesetzt. Durch den schulterfreien, oft ovalen Ausschnitt entwickelt sich erstmals ein Dekolleté. Dekolletierte Kleider haben häufig eine Schleppe. *Schecke* Meist von jungen Männern getragenes enges Gewand. Auch hier kommt der Knopf zum Einsatz. Dazu trägt man enge Beinkleider und Schnabelschuhe.	*Schwarz* vom niederen Klerus getragen, Anfang des 15. Jhs. in burgundischer Hoftracht der Männer modern.	konnte sich an das halten, was man sah. (...) Kleider machen (..) keine Leute mehr. Kinder brauchen eine sehr viel längere Lernzeit und viel mehr Helfer als früher, um sich in dieser undurchschaubaren Welt zurechtzufinden. Auch das ein Grund - vielleicht der wichtigste - warum die Kindheit im Mittelalter soviel kürzer war?"[7]

Renaissance ca. 1500 - 1550				
Kindheitsvorstellung	**Berichte und Quellen zur Kinderkleidung**	**Mädchen- und Jungenkleidung**	**Materialien/ Farben/Muster**	**Besonder-heiten**
Rabe spürt für Deutschland erste Veränderungen in der Kindheitsvorstellung im frühen 16. Jh. auf. Die Peinliche Halsgerichtsordnung von 1532 sieht den vollen Rechtsschutz schon für das neugeborene Kind vor. Die Aufwertung des Lebens der Kinder, insbesondere der Neugeborenen, entspricht einer neuen Aufmerksamkeit für deren Gesundheit, die im Zusammenhang mit den Anfängen einer wissenschaftlichen Kinderheilkunde steht. Sie entwickelt sich unter dem Einfluss von Renaissance und Humanismus. Von noch größerer Bedeutung in Hinblick auf das kindliche Leben schätzt Rabe die Entwicklung des Schulwesens ein. Er zitiert hier die von Johannes Bugenhagen verfasste Braunschweiger Kirchenordnung	So erinnert sich auch Felix Platter in seiner Lebensbeschreibung an sein erstes Paar Hosen: „Wie auch daß ich der freuden mich erinneren, die ich gehapt, do man mir meine erste hosen anleit und daß sie rot gewesen sindt und an einem suntag geschechen ist, in welchem der vatter einen großen korb zame kirsen uf den tisch schut, deren ich so vil aß, daß mein freudt in leidt verkert wardt und man mich wieder	Nach wie vor bleiben Mädchen und Jungen bis zu einem Alter von etwa sieben Jahren gleich, d.h. in Kleidern gekleidet, was den Ausdruck *Knaben in Mädchenkleidern* geprägt hat. Dieses Kleidungsverhalten ist durch alle Stände hindurch zu beobachten, nur Materialien und Schnitt zeigen den Stand an. Viele der kleinen Kinder der oberen Stände tragen Schürzen und Lätzchen, die zum Schutz der oftmals kostbaren Stoffe angelegt werden. Im Alter von 4-5 Jahren wird das Lätzchen in der Regel abgelegt. Ältere Mädchen gehen nun ohne Schürze, Jungen bekommen im Alter von 6-7 Jahren erstmals Hosen (*Felix Platter*). Die Kinder werden in der jeweiligen Mode der Erwachsenen gekleidet. *Barett* Die Mode dieser Zeit wird durch das Barett charakterisiert, das von Mäd-	*Modefarben:* Rot und Gelb; Leonardo da Vinci macht Beobachtungen zum Komplementär- und Simultankontrast. Das Spiel von Licht und Schatten steht nicht nur in der Malerei im Mittelpunkt des Interesses. Die Isolierung von Einzelfarben wird aufgehoben. Möglichst viele Farbvarianten werden erzeugt. Die Wirkung der Farbtöne wird bei Samtstoffen	*Landsknechtsmode* Erstmals setzt sich eine Mode der unteren Stände durch. Von den Landsknechten wird der Stil übernommen, die Kleidung an engen Stellen aufzuschlitzen und mit farbigen, meist sehr leichten Stoffen zu unterlegen: Je modischer, desto mehr Stoff, der durch die Schlitze quellen kann.

von 1528: „Vor allem drei Dinge sind hier als nötig angesehen. Das erste: Gute Schulen einzurichten für die Kinder; (...)“[8] Auch für Gélis zeichnet sich in der ersten Hälfte des 16. Jhs. eine neue Einstellung zur Kindheit ab. In dieser neuen Beziehung sieht er weniger einen emotionalen Wandel als vielmehr eine veränderte Vorstellung vom Kreislauf des Lebens.	uf nestlen und die hosen abzien mußt und weschen.“ [9]	chen als auch von Jungen getragen wird. Meist ist es aus Samt, Seide oder Tuch. In den unterschiedlichen Ländern nimmt es viele und häufig wechselnde Formen an. Oft ist es mit Perlen, Federn, bunten Bändern oder Schmuckstücken reich verziert.  [10]	zusätzlich durch unterschiedlich hohe Flore, bei Damasten durch verschiedene Bindungen hervorgerufen. Materialien wie Samt und Seide werden effektvoll kombiniert.	Diese Mode geht schnell auf alle Teile der Kleidung über: sogar Schuhe und *Barrett* werden geschlitzt.

Spanische Mode ca. 1500 - 1620				
Kindheitsvorstellung	**Berichte und Quellen zur Kinderkleidung**	**Mädchen- und Jungenkleidung**	**Materialien/ Farben/Muster**	**Besonderheiten**
Bisher gilt, dass ein Lebewesen durch die Empfängnis aus der Erde hervorgeht, durch den Tod in sie zurückkehrt, um von dort wieder aufzuerstehen. Hinter diesem Glauben wird eine kreisförmige Struktur sichtbar, die den Einzelnen zum Bewahrer der Ahnenreihe macht. Was man als Kind lernt, soll, laut Gélis, den Körper kräftigen, die Sinne schärfen, in die Lage versetzen, Schicksalsschläge zu bestehen und Leben weiterzugeben, um den Erhalt der Familie zu garantieren. Mit dem Aufkommen des medizinischen Interesses geht der Wille einher, die Krankheit eines Kindes nicht mehr hinzunehmen und auch das eigene Leben zu verlängern und körperliche Leiden behandeln zu lassen. Dieser Wille äußert sich sehr stark im Verlauf des 16. Jhs. und zeigt ein neues Verständnis von der Vorstellung vom Leben an.	 11 Im Tagebuch Jean Héroards, dem Biografen der Kindheit von Louis XIII ist eine Eintragung über die Kleidung	Immer noch tragen Jungen und Mädchen bis zum 5. oder 6. Lebensjahr zu offiziellen Anlässen bodenlange Kleider. Sind sie etwas älter, gleicht sich ihre Garderobe der ihrer Eltern an, die zur Zeit der Spanischen Mode von Steifheit und Enge gekennzeichnet ist. Beides wird unter anderem durch das Tragen eines *Korsetts* unterstützt. Kleidungsstücke werden mit Eisen-, Holz-, oder Fischbeinstäben versteift, um die Figur der Mode entsprechend in zwei aufeinander stehende spitze Kegel umzuformen. Ein mit Metallplatten gepanzertes Korsett, schon von kleinen Mädchen getragen, soll das Wachstum der Brust komplett verhindern, denn ein Busen gilt als unschön. *Halskrause* Sowohl Kleider als	Die Strenge der Kleidung wird durch ihre Einfarbigkeit und Düsterheit unterstrichen. Matte und gebrochene Farben dominieren, insbesondere Schwarz. Der  13 Kontrast mit	*Gängelband* In der Spanischen Mode kommt in der Kinderkleidung das Gängelband auf.  14 Diese an den Ärmeln befestigten Bänder dienen den Erwachsenen laut Cunnington und

Hinzu kommt, dass Kinder ihren Eltern zu gehorchen haben, das ist das göttliche Gebot. Zu diesem vierten Gebot "Du sollst Vater und Mutter ehren" bringt Luther eine zweite mächtige Instanz, der sich alle unterwerfen sollen, ins Spiel: den Staat. Lebte man bisher in seinem Stand und vollzog sich dort das gesellschaftliche Leben, so wurde nun, durch die protestantische Ehelehre, die Familie als Keimzelle des Staates, geboren. Die Familie ist plötzlich nicht mehr eine Gruppe von Menschen, die einige Jahre gemeinsam zusammenleben, sie bekommt den Auftrag, dem Staat gehorsame Untertanen aufzuziehen. Luthers protestantische Familienideologie findet nach und nach auch Eingang in katholisches Denken.	des Prinzen zu finden. Er trägt dem zufolge ein Hemd, Schuhe und seidene Strümpfe, dazu ein Korsett und ein blaues Atlaskleidchen mit silbernen Streifen. Daneben findet sich die Bemerkung, "das alles putze den Prinzen so ungemein, daß man ihn durchaus auf zwei Jahre schätzen könnte."[12] Louis XIII ist zu diesem Zeitpunkt noch kein Jahr alt.	auch Wamse sind hochgeschlossen und besitzen eine Halsrüsche, die sich mit der Zeit zu einem eigenständigen Kleidungsstück entwickelt. Diese Halskrausen werden immer größer und aus wertvollen Materialien hergestellt. *Jungenkleidung* So tragen ältere Jungen einen sehr engen, taillierten und stark ausgestopften *Wams*. Das Wams, genau wie der Überrock, nimmt eine kegelförmige Gestalt an. Es wird mit Knöpfen hoch geschlossen. Dazu wird eine oberschenkellange, ausgestopfte Hose getragen, die auf Grund ihrer ballonartigen Form umgangssprachlich *Melonen-* oder *Kürbishose* genannt wird. An diesen Hosen sind enge Strümpfe befestigt: je nach Stand aus Wollstoffen oder Leinen genäht. Besonders kostbar sind gestrickte Seidenstrümpfe. Insgesamt umschließt die Kleidung den Körper so eng, dass sie wie	Weiß steigert die Wirkung der schwarzen Kleidung. Die Vorliebe für Schwarz in dieser Zeit ist nicht allein auf die Spanische Mode zurückzuführen. Sie ist auch in Verbindung mit der reformierten Kirche, in der Schwarz besonders in der Festkleidung verwendet wird, zu sehen. *Stoffe* wie in der vorhergehenden Epoche. Allerdings wird in der Herrenkleidung häufig auf Gold- und Silberbrokat verzichtet.	Buck als Haltevorrichtung beim Laufenlernen. Ariès beschreibt Gängelbänder als Relikt mittelalterlicher Hängeärmel und nun typisches Zeichen der Kindheit. Als weiteres Mittel zum Schutz kleiner Kinder kommt im 16. Jh. der Fallhut, eine Art Sturzhelm, auf. Dicker Stoff oder Pelz wird zu einem gepolsterten Kranz gebunden und dem Kind auf den Kopf gesetzt. Für den besseren Halt wird das Gestell unter

		ein Panzer wirkt. *Mädchenkleidung* Die Röcke der Kleider werden immer weiter, die Falten immer dichter, die Zahl der Unterröcke immer größer, bis der Rock schließlich über einen *Reifrock* gespannt wird. Anfangs handelt es sich um einen mit Filz- und Rosshaarauflagen, dann durch Reifen versteiften, kegelförmigen Unterrock. Diese Verstrebungen dienen nicht nur zur Formgebung, sondern helfen auch, das Gewicht der enorm schweren Roben tragen zu können.		dem Kinn festgebunden.

Barock 1600 - 1700 und Rokoko ca. 1715 - 1770				
Kindheitsvorstellung	**Berichte und Quellen zur Kinderkleidung**	**Mädchen- und Jungenkleidung**	**Materialien/ Farben/Muster**	**Besonderheiten**
Der Ausdruck "Affenliebe" findet im 17. Jh. Eingang in die deutsche Sprache und beschreibt eine Haltung Kindern gegenüber, die nicht von allen als positiv gewertet wird. Der Arzt Jacques Duval betont bereits 1612, dass Mütter ihre "aufdringliche Begeisterung, ihr Kind zu umarmen und zu küssen, nicht zurückhalten können. Man erkennt an der Zudringlichkeit dieser Mütter, daß sie ihren Kindern eine wahre Affenliebe entgegenbringen, denn den Affenmüttern sagt man nach, sie drückten ihre Jungen in dem glühenden Wunsch nach Liebe so fest an sich, daß sie ersticken."[15] Auch Locke (1632-1704) greift den Begriff der Affenliebe auf: "Eltern (...) neigen jedoch dazu,	Conrad Purselt (1644-1706) ist der Verstoß gegen Kleiderordnungen und Verschwendungssucht eine Predigt wert: "O ihr Weibsbilder insgemein / die unmäßige Zier und garzuüppige Kleider-Schmuck über euren Stand / bringt euch und eure Männer oder Elteren umb Guth und euer Geld / (...) / dann so viel neue Modi und Form der Kleider / das vielfältige klipplen und kleplen / sticken	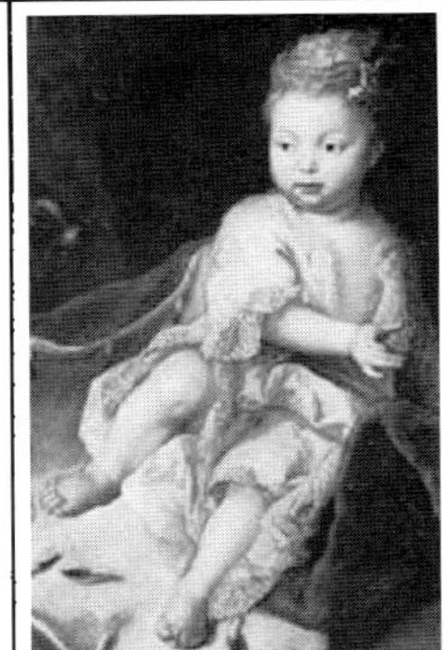 23 Eine eigenständige Kinderkleidung gibt es auch zur Zeit der barocken Mode noch nicht. Wie bisher tragen Kinder bis etwa zur Vollendung des zweiten Lebensjahres weiße, mit Spitze gesäumte lange Leinenhemden. So gekleidet wird ihnen das Laufenlernen mit und ohne Gehwagen ermöglicht. Bis zum vierten Lebensjahr tragen Kinder weiterhin Röcke und Mieder, Jungen brauchen im Gegensatz zu den Mädchen jedoch kein Korsett zu tragen. Dass das Tragen von Kleidern für Jungen nach wie vor üblich ist, geht auch aus Lockes Äußerung her-	Während des *Dreißigjährigen Krieges* trägt man der locker sitzenden Kleidung entsprechende Materialien wie *Taft* und *Wollstoffe*. Die Farben werden wieder heller. Zur Verzierung der Kleidung dienen *Bänder*, *Nesteln* und anderer *leichter Aufputz*. *Französiche Mode* *Stoffe* Am Hofe Ludwig XIV dürfen nur	*Fächer* Als modisches Accessoire kommt der Faltfächer aus Leder, Seide oder Pergament, mit Elfenbein, Schildpatt, Perlmutt, Gold und Silber prächtig verziert. Am Versailler Hof spielen sie auch im Zeremoniell eine Rolle, in dem die Damen ihren Fächer erst in Anwesenheit des Königs ihren Fächer öffnen dürfen. Fächer sind in bürgerlichen Kreisen erst im

wenn die Vernunft diese natürliche Zuneigung nicht sehr sorgsam überwacht, sie zur Affenliebe anwachsen zu lassen."[16] Die Öffentlichkeit beginnt zu befürchten, dass diese falsch verstandene Elternliebe, verhängnisvolle Folgen für die Kinder haben könnte. Kirche und Staat mischen sich stärker in die Erziehung ein, was sich mit dem Willen zur Kontrolle über die gesamte Gesellschaft deckt. Hinzu kommt, dass der Absolutismus und die Bedeutung des immer größer werdenden Beamtenkörpers die Menschen vor ganz andere Anforderungen als der Ständestaat stellt. Die Ehe und Familie als Arbeitsgemeinschaft verliert in Beamtenkreisen ihre bisherige Bedeutung. Weltmännisches Benehmen, galante Umgangsformen und nicht zuletzt ein größeres Vermögen ermöglichen die Einheirat in höchste	und stricken / steppen und stippen / hefften / brehmen und verbrehmen / durchbrehmen und überbrehmen / frist allmählich viel Geld hinweg: Weib und Kinder / um den Tracht zu erhalten / (...) Der Mann oder Vatter hat ein Besoldung von 40 Thalern / ist doch zu gleich ein Weiber- und Kinder-Narr / (...) / da macht er krumme Finger und stiehlt wegen Tracht und Pracht seiner Frau und Kindern."[20] Über die gestiegenen Ansprüche	vor: "(...) in allem seinen Willen zu haben, solange er in Kinderkleidern steckt, warum sollte es uns wundern, daß er danach strebt (...), wenn er Hosen trägt."[24] Ältere Kinder tragen die gleichen Kleider wie Erwachsene. Die Kleidung wird mit Bändern, Schleifen, Rüschen, Quasten, Rosetten, Steinen und Perlen verziert, die man wieder ablösen kann, sobald das Kleid unmodern wird. Nicht nur finanziell Minderbemittelte besuchen Altkleidermärkte oder lassen Kleidung umändern. "A. 1645 zu Weyhenachten (...) sein alt wüllen Kleid wenden lassen (...)."[25] Überhaupt scheint es üblich zu sein, das Mütter an die Töchter, Väter an die Söhne Kleidung vererben. So notiert Prinzessin Wilhelmine, Markgräfin von Bayreuth, Tochter König Friedrich Wilhelm I.: „Sie waren alle von edlem Geschlecht und manche sehr reich. (...). Sie sahen alle aus wie Knecht Ruprecht; (...); ihre sonderbaren Figuren waren mit Gewändern behangen, (...). Es waren Erbstücke ihrer Ahnen und vom Vater auf den Sohn	Samt-, Brokat- und Seidenstoffe getragen werden. Wollstoffe erhalten einen "bürgerlichen" Charakter, den sie erst später wieder verlieren. *Kamlott*, Seide mit wollenem Einschlag; *Ferrandin* oder *Bombassin*, Seide mit Baumwolle; *Tobin*, moirierter Taft; *Grisette* grauer, dünner Seiden- oder Baumwollstoff, der von Frauen der unteren Stände getragen wird;	Rokoko gebräuchlich. *Fontagne* am Hinterkopf befestigtes, mit Spitzenrüschen und Bändern geschmücktes Gestell.  29 Zunächst gibt eine Palisade das hohe

gesellschaftliche Kreise. Eine allgemeine Schulpflicht gibt es noch nicht. Die öffentliche Erziehung der Mädchen liegt weit hinter der der Jungen zurück. Wohl findet eine rege Diskussion darüber statt, wie viel Bildung und öffentliche Erziehung für Mädchen notwendig sei. Von Boehn zeigt das Beispiel auf, dass 1613 Mädchen in der Schule zu Naumburg nur Lesen lernen, das Schreiben ihnen aber erst auf ausdrücklichen Wunsch der Eltern beigebracht wird. Insgesamt werden Kenntnisse der Religion und der häusliche Arbeiten für ausreichend gehalten. Dies ist in Bezug darauf zu sehen, dass zu heiraten und Kinder zu bekommen damals als Beruf der Frau gilt: „Es winseln auch die unerzogenen Kinder, die jetzt mutterlosen Waysen (...) Sie starb wie eine	legen auch Inventarlisten Zeugnis ab: "1622, Hieronymus Löffelholz: 1 grün und gelb gemosirte damaskate Deck über das Kindsbett und dergeleichen Kindsdecklein, beides mit Scheter gefüttert. 1 grün und gelb bemosirt Atlasen Umhang umb das Bett, mit grün Seidenfransen (...) 1 schön Kindbettausschlag mit dünn ausgeschnittenen Borten und Spitzen (...) 9 Kinderschlafhauben mit Spitzen 8 Fürtücher mit	übergegangen; (...), und das Gold war so abgenutzt, daß man es nicht mehr erkennen konnte; dennoch waren dies ihre Galakleider, und sie dünkten sich in diesen antiken Lumpen zum mindesten ebenso imposant wie der Kaiser in der Tracht Karls des Großen."[26] *Mädchenkleidung* Reifröcke kommen gegen 1620 aus der Mode. Die weiterhin bauschigen und weiten Röcke werden nun durch *Hüftpolster*, auch Weiberspeck genannt, in Form gebracht oder der Oberrock wird in die Höhe gerafft und die Anzahl der Unterröcke erhöht. Zur Zeit der *Niederländischen Mode* trägt man kurze oder seitlich geschlitzte Leibchen. Der Fächerkragen kommt aus der Mode. Statt dessen trägt man nun tiefe viereckige Dekolletés, die mit *Spitzenkragen* verziert sind. Die Ärmel werden kürzer getragen und sind an der Manschette mit Spitze aufwändig verziert. Mit der Herrschaft Ludwigs XIV. wird die *Französische Mode* in weiten Teilen Europas tonangebend. Sie ist besonders reich und prächtig. Die Taille wird wieder einge-	*Farben* Staatskleider sind über und über mit Gold- und Silberstickereien bedeckt, so dass die Farben der Stoffe teilweise kaum zu erkennen sind. Ansonsten werden eher dunkle Farben wie *scharlachrot*, *weichselrot* und *dunkelblau* bevorzugt. Frauen dürfen auch *rosa*, *himmelblau* und *hellgelb* tragen. Ludwig XIV bevorzugte Farbe ist braun.	kegelförmige Aussehen. Ab 1690 von der Commode, ein mit Rosshaar und Seide überspanntes, zwei bis drei Stufen hohes Drahtgestell, abgelöst. So kann die Fontagne bis zu 60 cm Höhe erreichen. Gegen 1693 wird sie schmaler und erhält ein Orgelpfeifen ähnliches Aussehen. *Degen* nicht nur geschlechtskennzeichnendes Beiwerk auch Accessoire der männlichen Kleidung. Sie dürfen an der Seite eines Höflings nicht fehlen, schließlich repräsentiert der

Heldin im Streit oder eigentlich zu sagen, wie eine Siegerin im Triumph. (...) Sie starb in ihrem Beruff, und machte ihr Sterben um desto rühmlicher. Denn ... hierinn gewiß die Glückseeligkeit denen Sterbenden man zuzueignen pfleget, welches Betrifft einen Lehrer auff der Cantzel, einen Krieges-Held im Streit, eine Frau in der Gebuhrt."[17] Später werden wie z. B. in Baden-Württemberg Schulen, sog. "deutsche Schulen" für die Kinder des einfachen Volkes eröffnet. Aus dem Jahre 1748 ist eine Schulordnung bekannt, die der Abt von Marchtal für alle in seiner Herrschaft liegenden deutschen Schulen erlässt. Daraus geht hervor, dass der Unterricht in Religion, Lesen, Schreiben und Rechnen in der Zeit vom Gallustag (16. Oktober) bis Georgi (13. April)	Porten und Spitzen 7 gefelckelte Halshemden (..) 1 schönes leinwates Westerhemdlein mit dick ausgeschnittenen Porten (...) 1 Kindtspelzlein mit Gold geziert 1 Leibpelzlein (...) 1 schwarz samates Kindsheublein" [21] Ende des 17. Jhds. übt Locke übt Kritik an der damaligen Mode: "(...) nämlich daß die Kleider deines Sohnes niemals eng gemacht werden, besonders um die Brust. (...) habe ich viele Beispiele gesehen von Kindern, die durch	schnürt. Die *Robe* auch *Manteau* ist vorne aufgeschnitten und nach hinten gebauscht und mündete in eine lange Schleppe. Der nun sichtbare untere Rock, die *Jupe*, ist aus anders farbigem Material und mit Bändern, Stickereien und Posamenten reich verziert. Das Dekolleté wird nicht mehr durch Spitzenkragen verdeckt. Die enganliegenden Ärmel der Kleider gehen nur noch bis zum Ellbogen. *Jungenkleidung* während des Dreißig 27 	Verschiedene gelbe, grüne und graue Farbtöne erhalten von Pariser Händlern bisweilen so fantasievolle Namen wie "Nönnchenbauch", "Lustige Witwe", "Kranker Spanier", "Vergifteter Affe", "Verstopfte", "Pockenfarbe" oder "Kindersch....".	Degen die Macht des Adels. Die Degen sind reich verziert und werden an einer Schrärpe befestigt, die über dem Justaucorps oder der Weste getragen wird. Später wird das breite Band durch ein schmales ersetzt und unter der Weste getragen. *Panier* (frz. Korb, ugs. Hühnerkorb) ab 1712 eine Form des Reifrocks. Zunächst sind sie rund, später tonnenförmig, dann oval. Das Reiben der Reifen verursacht ein Geräusch, das zu dem Beinamen "Kreischerin" führt.

gehalten wird. Kinder zwischen dem 7. und 14. Lebensjahr sind verpflichtet daran teilzunehmen. Sollten die Eltern versäumen ihre Kinder zur Schule zu schicken, so müssen sie das gesamte Schulgeld bezahlen und "annoch eine willkürliche denen Umständen der Sache wohl angemessene geschärpffte Thurm- oder Geltstraff."[18] Zu dem Zeitpunkt wird eine schon früher erlassene Ordnung, die Heiratswilligen vorschreibt, dass "die Manns-Person lesen und schreiben, die Mägdlein aber mindestens den Truck lesen sollen können, ansonsten der vorseyende heurath verschoben werden solle."[19] von neuem verschärft. Nach Praschl-Bichler beginnt man ab der Mitte, spätestens ab Ende des 17. Jhs. die Kindheit als etwas Eigenes zu sehen. Sie orientiert sich dabei an der Be-	Schnürungen großen Schaden erlitten haben; (...). Engbrüstigkeit, kurzer und übelriechender Atem, kranke Lungen und Verkrümmungen sind natürliche und fast regelmäßig eintretende Folgen harter Schnürleiber und zu enger Kleidung. Diese Verfahren, schlanke Taillen und schönen Wuchs zu erzielen, führt nur um so erfolgreicher dazu, sie zu verderben."[22]	jährigen Krieges werden hochgeschlossene, locker sitzende *Schoßwamse* getragen, dazu bauschig weite, reich verzierte Hemden. Als Überrock dient das ärmellose oder nur mit Zierärmeln versehene *Koller*. Die zunächst weiten, später röhrenförmigen, wadenlangen Hosen werden unter dem Knie abgebunden. Zur Zeit der *Rheingrafenmode* um 1650 werden kurze, offene Jäckchen getragen, aus denen bestickte und mit Spitze verzierte Hemden hervorquellen. Die Hosen werden immer weiter, bis sie schließlich fast wie Röcke wirken. Zu dem trägt man mit farbigen Seidenstrümpfen und mit Schnallen und Rosetten geschmückte Schuhe. Gegen 1670 kommt der *Justaucorps*, ein knielanger, enganliegender Überrock groß in Mode. Er ist aus Samt, Seide oder Brokat und mit Metallknöpfen verziert. Darunter trägt man eine Weste, die gleich geschnitten aber unwesentlich kürzer ist. Beides verdeckt die mäßig weite Kniebundhose, die *Culotte*. Meist ist sie aus Samt. Anfangs trägt man dazu		Bald gibt es Reifröcke, die so groß sind, dass die Ellenbogen bequem darauf Platz finden. Ein normales Durchschreiten einer Tür ist nun jedoch nur noch quer möglich. Von den kleinsten Mädchen bis zu den ältesten Damen werden diese Gestelle getragen. Der enorme Bedarf an Fischbein führt zur Gründung der ersten holländischen Aktiengesellschaft für den Walfang.

obachtung, dass, zumindest in gehobeneren Kreisen, Kinder Spielecken und Kinderzimmer eingerichtet bekommen.		 weiße Kniestrümpfe, die über der Hose befestigt werden. Später werden die Hosenbeine seitlich mit Knopflöchern versehen und mit Schnallen über den Strümpfen verschlossen. 28		

Das 18. Jahrhundert gilt als das Jahrhundert der Entdeckung der Kindheit. Elke Liebs beschreibt, dass sich mit der Aufklärung die bisher sozialen Kategorien auch in psychologische wandeln. Die Menschheit wird nun nicht mehr in Adelige und Bürger, geistliche und weltliche Würdenträger, in Diener und Herren eingeteilt, sondern viel mehr, wie etwa bei Rousseau, in Erzieher und Zögling, Lehrer und Schüler, Gebildete und Ungebildete und Erwachsene und Kinder. Eine wichtige Rolle spielt dabei das bürgerliche Selbstverständnis mit dem Motto "Erziehung statt Geburt". Nicht der Stand ist ausschlaggebend, sondern vielmehr das Verhalten des Individuums. Ebenso beginnen sich immer differenziertere Rollenzuweisungen herauszukristallisieren. Besonders intensiv werden die pädagogischen und philosophischen Reflexionen ab Ende des 18. Jahrhunderts. Die Publikationen werden nun zahlreicher und vielfältiger, so wie die unterschiedlichen theoretischen Ansätze sich dem "Gegenstand" der Vorstellung von Kindheit nähern.

ca.18. Jahrhundert Englische Mode, Aufklärung, Empire					
Kindheitsvorstellung	**Berichte und Quellen zur Kinderkleidung**	**Mädchen- und Jungenkleidung**		**Materialien/ Farben/Muster**	**Besonderheiten**
Die bereits von Locke proklamierte Vorstellung, der Geist des Menschen sei bei der Geburt ein unbeschriebenes Blatt, wird von Rousseau (1712-1778) mit der Idee der Tabula rasa in seinem Erziehungsroman "Emile" (1762) wieder aufgenommen. Während der Kindheit sei der Mensch dem Naturzustand am nächsten und noch nicht von der Gesellschaft	Die sich verändernde Haltung gegenüber dem Kind, hält Einzug in die unterschiedlichsten Lebensbereiche. In Modejournalen werden Kinder nicht nur abgebildet, sie werden auch explizit		*Jungenkleidung* Von England ausgehend entsteht ca. 1780 in Deutschland die erste Kinderkleidung. In gehobeneren Kreisen sieht man immer häufiger Jungen, die den sog. *Skeleton Suit* tragen, eine Kombination aus 33	Die Erfindung erster Spinn- und Webmaschinen in England, wo es 1769 gelingt, Kettfäden aus *Baumwolle* herzustellen, lässt diese eine immer größere Rolle spielen. Selbst der Hochadel	*Modejournale* Ca. 1770 gelangen in Paris Modejournale mit Abb. auf den Markt. 1787 bringt Bertuchs Modejournal ein Kindermodebild. Diese Veröffentlichung spiegelt die veränderte

verdorben. Aufgabe des Erziehers sei es, die perfekte Natur des Kindes durch Gesetzmäßigkeiten, die die Natur vorgebe, zu erhalten. Er stellt fest, dass Jungen und Mädchen zunächst nichts unterscheide. Mit dem Übergang in den Gesellschaftszustand, setzte die Erziehung des Geschlechts ein. Laut Rousseau erwache der Mann zum wirklichen Leben und verliere die Gleichheit der Kinderjahre, die Frau aber werde diese Gleichheit nie verlieren. So unterscheiden sich nun auch die Erziehungsziele: Der Mann wird zur Freiheit, die Frau zur List, die Rousseau eine Naturgabe dieses Geschlechts nennt, erzogen.

Ordnet Rousseau das Kind noch irgendwo zwischen Mensch und Tier ein, sieht Herder (1744-1803) das Kind von Anfang an als ganzen Menschen. In seiner

erwähnt wie das Beispiel in *Bertuchs Journal* zeigt: "(...) Englische Kinder - wie beistehendes Mädchen zeigt - werden sehr leicht und einfach gekleidet; ein großer simpler Strohhut schützt sie vor der Sonne. Dazu kommt ein leichtes weißes Kleid mit kurzen Kinderärmeln, das unten drei bis vierfach übereinandergelegte Säume hat. Ein doppelt übereinander fallender Halskragen bedeckt Hals und Brust. (...)."[31]

34

einer langen, bequemen Hose mit hohem Taillenbund, die mittels Knöpfen an einer kurzen Jacke aus dem gleichen Stoff befestigt wird. In Frankreich spricht man von *Sansculottes* "ohne Kniehose" oder kleidet seine Söhne *à la matelot*. Dieser Stil "nach Matrosenart" besteht neben der langen Hose aus einem kurzen Rock, einem Hemd mit weitem Kragen und einer breiten Taillenschärpe und ist Symbol des aufgeschlossenen Bürgers. Anfangs wird die Hose auf dem Kontinent von Medizinern oft noch abgelehnt, da man befürchtet, sie sei die Ursache von Verweichlichung und Frühreife. Die Röhrenhose etabliert sich jedoch, nicht nur in der Jungenkleidung, sondern auch in der Kleidung der Erwachsenen und bleibt bis heute das typische Kleidungsstück der bürgerlichen Männer-

trägt Kleidung aus Baumwollstoffen.

Zum beliebtesten Material der weiblichen Kleidung wird der *Musselin*, ein sehr dünner, fast durchsichtiger Baumwollstoff, selten aus Seide oder Wolle, in Leinwandbindung. Zumeist weiß oder pastellfarbig, ungemustert oder max. mit kleinen Punkten, Palmetten, Sternen oder antik anmutenden Borten versehen. Diese Stoffe sind so hauchzart, dass man bei einer

Haltung gegenüber Kindern und Kinderkleidung wider.

Strohhut Die Naturideen Rousseaus bringen den flachen Strohhut in Mode.

37

1804 findet sich die Abbildung und Beschreibung einer modischen Variante für Kinder in →*Bertuchs Journal*.

"Abhandlung über den Ursprung der Sprache" (1769) erläutert er, was den Menschen ausmache: Sprache und Besonnenheit seien beide bereits im Kinde angelegt. Laut Herder seien es Hilflosigkeit, Schwäche und Abhängigkeit, die das Kind vom Erwachsenen unterscheide. Eltern verfügten über einen "Elterntrieb". Erziehung wird zu einem Interaktionsverhältnis zwischen Erwachsenen und abhängigen Kindern. Vornehmlich bürgerliche Eltern lesen diese pädagogischen Schriften und versuchen die dort entwickelten Ideen in eine reflektierte Erziehung einfließen zu lassen. Für das Gros der Menschen sieht der Alltag anders aus. Beuys stellt fest, "an den meisten Zeitgenossen ging der Fortschritt spurlos vorbei. Für sie war der Kampf um das tägliche Brot der einzige Sinn, den ihnen das Leben stellte.

Wilhlem von Kügelen berichtet über seinen dritten Geburtstag, zu dem er einen *türkischen Spenzer* geschenkt bekommt: "Mutter (...) kleidete mich an. Der offenen Weste wurde ein paar weite Hosen angenestelt, die hinten offen und mit Schleifen versehen waren; darüber kam ein türkischer Spenzer mit kurzen Ärmeln und an die Füße ein Paar Schnallenschuhe. So war der Anzug vollendet, der übrigens im

mode.

Mädchenkleidung. Ebenso wird die Kleidung der Mädchen maßgeblich durch die englische Mode beeinflusst. Sie tragen nun schlichte, meist weiße, locker sitzende Kleider, die etwa bis zum Knöchel reichen. Diese Kleider sind häufig mit Puffärmeln versehen und um die Taille mit einem bunten Band geschnürt. Das bevorzugte Material ist Baumwolle (→*Musselin)*.

35

Im Laufe der Zeit entwickelt sich aus diesem Kleidungsstück das sog. *Empirekleid*. Rock und Oberteil sind aus einem Stück, so dass man nicht mehr von einer Robe sondern einer *Chemise*, einem Hemdkleid, das häufig einen viereckigen Ausschnitt besitzt, spricht. Diese "demo-

Erkältung von "Musselinkrankheit" spricht. Die *Schals* aus *Kaschmir* oder *Wolle* bieten einen farbigen Kontrast und sind an den Enden häufig mit fernöstlichen Motiven versehen. Die Erfindung des Jaquard-Webstuhls 1805 unterstützt die Verbreitung bunt gemusterter Gewebe. Die *englische Mode* sorgt für die Verbreitung von *Wollstoffen* in der Herrenmode. Helle Farben für die Hosen werden bevorzugt.

Folkloristische Kinderkleidung besonders in gehobenen Kreisen wird es modern, Kinder folkloristisch zu kleiden. Insbesondere türkische, griechische oder armenische Jacken und → *Spenzer*, weite orientalische

38

Hosen gelten als

(...) Die äußere Not nahm nicht ab, sie wurde noch größer. Die meisten Menschen der aufgeklärten Zeit lebten in finsteren Zeiten."[30] Dennoch beschreibt sie sichtbare Veränderungen im Lebensalltag der Kinder. Da sie nun, wohl auch in engen und ärmlichen Haushalten in getrennten Zimmern schlafen, liegt ihre Welt stärker getrennt von der der Erwachsenen. Sie bekommen nicht mehr selbstverständlich alles mit, was zum Leben gehört.	Sommer wie im Winter Hals, Brust und Arme bloß ließ."[32]	 kratische" Art sich zu kleiden, wird von allen Altersstufen und Schichten angenommen. Um den römisch-griechischen Stil zu unterstreichen, werden Schals um die Schultern drapiert. Ein beliebte Kopfbedeckung stellen Haube und →*Strohhut* dar. 36		elegant und sollen die neue Bewegungsfreiheit der Kinder unterstützen.

Biedermeier ca. 1820 - 1850				
Kindheitsvorstellung	**Berichte und Quellen zur Kinderkleidung**	**Mädchen- und Jungenkleidung**	**Materialien/ Farben/ Muster**	**Besonderheiten**
Zu Beginn des 19. Jhs. Entwickelt sich eine Vorstellung von Ehe und Familie, die auf Liebe gründet. Kinder sind nicht mehr Zweck der Ehe, sondern ihr höchster Ausdruck, nicht mehr ein Geschenk Gottes, sondern der Natur und der Liebe. Daneben sorgt die Industrielle Revolution dafür, dass die Produktionsstätten aus Haus und Familie in Büros und Fabriken verlagert werden. Die biedermeierliche Welt weist der Frau das Haus als sozialen Ort zu, dem Mann die Öffentlichkeit. Das ist in patriarchalen Ordnungen nicht neu, neu ist jedoch, dass	"Die "Buwwe" erhielten erst zur Konfirmation den ersehnten schwarzen Tuchanzug. Vorher behalfen sie sich mit einem Kittel, der durch einen Ledergürtel etwas Fasson bekam, und mit Hosen, die bereits früher andere Beine zierten, gewendet und zurecht gemacht wurden. Eine Kappe mit Lederschild, bei  45	Die Kleidung der bürgerlichen Kinder ist gut dokumentiert. Im 19. Jh. sind es nicht allein Kleidungsstücke, die Kinderkleidung von der Erwachsener unterscheiden, es ist die Länge der Kleidung. Im Laufe des Jhs. wird sich die kurze Hose zu einem typischen Kleidungsstück der Jungen entwickeln. Dieses Merkmal bleibt bis in die 60er Jahre des 20. Jhs. erhalten.[49] Insgesamt lässt die Kleidung mehr Bewegungsfreiheit zu. Die Kindheit wird  50 verlängert, da der Zeitpunkt, an dem sie wie Erwachsene gekleidet werden, nach hinten verschoben wird.	*Kleiderstoffe* in hellen, zarten Pastellfarben wie Hellblau, Hellgrün, Rosa, Hellviolett, besonders beliebt ist Elfenbeinfarbe, als auch kräftige Farben. Meist sind die Stoffe mit Karos, Rauten oder Streublümchen (Mille fleurs) gemustert. Im Spätbiedermeier werden	*Spielzeug* Da bürgerliche Kinder ohne hinreichende Einblicke in die reale Arbeitswelt aufwachsen, beginnt man im Biedermeier Spielstuben einzurichten. Die angebotenen Spielgelegenheiten sollen auf die zukünftige 54 

Philosophen, Pädagogen und Literaten den Anspruch formulieren, dass Frauen sich unabhängig ihrer sozialen Stellung "um die liebevolle Ausgestaltung einer intimen, emotionalen Privatsphäre kümmern sollten, und vor allem, dass sie im Hause bleiben sollten, um selbst und allein die Kinder zu versorgen."[39] So ist die Erziehung der bürgerlichen Mädchen auf Haushaltsführung, Anmut, Sanftmut, Bescheidenheit und Zurückhaltung angelegt. Geistiger Beschäftigung gibt man die Schuld, wenn Mädchen im Haushalt ungeschickt sind. Söhne bürgerlicher Familien werden auf ihre zukünftige Rolle des Beschützers und Ernährers der Familie vorbereitet. Neben umfassender Bildung gilt es, Mut, Zähigkeit, Tapferkeit, Verantwortungsbewusstsein	kaltem Wetter ein Kamisol und der unvermeidliche, um den Hals geschlungene, wollengestrickte "Pallendin" vervollständigten den Anzug." Carl Renuart d. i. Carl Trauner, geb. 1845[46] "(...) auf dem Kopf die blaue Sammetmütze mit dem Silberstreifen am Rand, die wir auch auf unseren Schulwegen trugen, (...) schneeweiße Beinkleider mit roten (...) Trägern, darüber - natürlich ohne Weste - eine gleichfarbige dunkle, vorn offenstehende Jacke." Herman Dalton, geb. 1833[47]	*Jungenkleidung* Jungen tragen bis zum Alter von 3-4 Jahren Kleider, die dann durch einen bequemen, gegürteten Kittel, eine sog. *Tunika*, ersetzt werden. Dazu werden weiße, weite Leinenhosen getragen. Ältere Jungen tragen *Röhrenhosen*, dazu eine frackähnliche Jacke, deren Uniformcharakter mittels blanker Knöpfe unterstrichen wird. *Mädchenkleidung*  51 Die langen Kleider des Empire werden nun durch kürzere ersetzt. Die Taille rutscht wieder tiefer Unter den bauschigen Kleidern schauen sog. *Mamelucken* hervor. Die weißen Hosen, sind aus Wäschestoff und zählen mit zur Oberbekleidung. Um die herausschauenden Hosenenden immer blütenweiß zu halten, gibt es anknöpfbare Beinlinge, so dass verdreckte schnell gegen frische eingetauscht werden können. Die Haare der Mädchen werden meist	Blümchen in einem Streifenmuster gehalten. Beliebt sind Dessins, die aktuelles Tagesgeschehen wiedergeben, etwa die "Mode à la Giraffe", deren Vorlage 1827 die erste Giraffe in Europa gibt. Frisuren, Kleidersäume und Hauben sind überhäuft mit *zierlichen Seidenblumen.* Die Blumenart und die Stelle, an der sie angebracht ist, sprechen eine Symbolsprache: weiße	Rolle vorbereiten. So vermitteln *Ankleidepuppen* den Mädchen Kenntnisse über Mode und den "weiblichen Putz". Das Kolorieren und Ausschneiden der Kleidungsstücke und Figuren schult dabei die Handgeschicklichkeit. Das *Puppentheater* ist dagegen die Domäne der Jungen. Es  55

und gesellschaftliche Gewandtheit zu erlangen.[40]
Schon Pestalozzi (1746-1827) formuliert in "Lienhard und Gertrud" am Beispiel Gertruds "Wohnstubenerziehung" das Vorbild für Kindererziehung. Er betont, wie wichtig die häusliche Gemeinschaft sei. Gertrud sorgt mit aller Kraft dafür, dass ihre Kinder eine Freude für sie und Lienhard sind. Sie lehrt ihnen Gottvertrauen, Sparsamkeit, die angemessene Art zu reden und Mitgefühl mit anderen Menschen.[41]
Das Leben der Land- und Arbeiterkinder gestaltet sich anders. So verdient eine Frau aus Bremen, die sich und ihre vier Kinder durchbringen muss um 1820 durch Nähen und Spinnen 15 Taler im Jahr, aus der Armenkasse der Stadt erhält sie zusätzlich 50 Taler. Ein studierter Senator

"Mein bitterstes Jugendunglück war ein (...) Tuchrock, der 'Balbierer' genannt, weil ich stets die langen Ärmel aufschlagen mußte, um die Hände gebrauchen zu können; alsdann kam das weiße, blau gestreifte Barchentfutter zum Vorschein, während die Taille genau auf die Mitte des Sitzfleisches kam. (...) Meine Schwester sah nicht besser aus; in dünnem verwaschenen Kattunkleidchen, einen fürchterlich großen, von der Mutter abgelegten Hut auf dem Kopfe, Ohren-

geflochten und in Zöpfen locker nach hinten gebunden. Eine typische Kopfbedeckung stellt der breite [52]Strohhut dar, der mit herabhängenden Bändern geschmückt ist.

53

Über die Kleidung der Land- und Arbeiterkinder gibt es weitaus weniger Zeugnisse. Man kann davon ausgehen, dass die Kinder tragen, was vorhanden ist. Die Kleidung ist häufig von den Eltern und

Balsamine bedeuten Ungewissheit, Maiglöckchen die Rückkehr des Glücks, Klatschrosen Trost, Lavendel Misstrauen und Basilikum Hass.
Material Baumwollstoffe, im Winter auch Wollstoffe. Für festliche Kleidung: Seide.
Hosen der Männer und Jungen meist hell oder weiß, dazu werden Jacken in tabakbraun, flaschengrün, violett oder

dient der höheren Bildung und wird als das künstlerischste Spiel gewertet. Mädchen bekommen höchstens Hilfsfunktionen zugeteilt. *Lernspielzeug* zu Themen wie Bauernhof, Kaufladen oder Handwerksbetrieb, soll eine tg'iedschaft ist

56

positive Bewertung von Arbeit vermitteln, nicht auf das Berufsleben vorberei-

kann dagegen mit 4000 Talern rechnen. Ende 1830 zählt man in Bayern 65.653 bettelnde Männer, 55.380 Frauen und 25.000 Kinder. [42] Um überleben zu können, ist Kinderarbeit ab dem fünften oder sechsten Lebensjahr üblich und notwendig. Nicht selten wird etwa Spielzeug für Kinder des Bürgertums von Arbeiter- oder Handwerkerkindern hergestellt.[43] (→ *Lernspielzeug*) Dennoch beobachtet Bettina von Arnim (1785-1859) in ihrer Schrift "Dies Buch gehört dem König" (1843): "Es zeigt sich auch hier, daß die Armen ihre größte Freude an den Kindern haben und fest darauf rechnen, daß diese durch den Schulunterricht aus dem Elend gerissen werden."[44]	schuhe und blaue Baumwollstrümpfe an den Füßen, (...), eine wahre Vogelscheuche.[48]	größeren Geschwistern geerbt und übernimmt kaum eine schmückende Funktion, sondern dient in erster Linie dazu, bekleidet zu sein. Ebenso sind die Kleidungsstücke vielfach geflickt. Schuhe sind ein besonderer Luxus, den sich selbst Schuhmacher selten für ihre Kinder leisten können.	veilchenblau getragen. Andersfarbige Futterstoffe als weiterer Kontrast. Auch *Schottenkaros* sind beliebt. Für die Weste sind sogar Blümchenmuster erlaubt, aber auch Streifen. Erstmals werden Hosen aus waschbaren Stoffen hergestellt.	ten. Kinder, die diese Berufe ergreifen werden, können sich i.d.R. dieses Spielzeug nicht leisten, oft sind sie sogar an dessen Produktion beteiligt.

Zweites Rokoko ca. 1850 - 1870				
Kindheitsvorstellung	**Berichte und Quellen zur Kinderkleidung**	**Mädchen- und Jungenkleidung**	**Materialien/ Farben/ Muster**	**Besonderheiten**
Im Verlauf des 19. Jhs. nimmt die Schulbesuchsdauer stetig zu. Da jedoch das Leben auf dem Lande und in der städtischen Unterschicht von Armut geprägt bleiben, sind Familien darauf angewiesen, dass die Kinder bei der Arbeit helfen. Damit ist ein regelmäßiger Schulbesuch nicht gewährleistet. So bleiben 1871 noch 9,5% der männlichen und 14,5% der weiblichen deutschen Bevölkerung Analphabeten.[57] Die Armut hat für die Kinder auch zur Folge, dass ihnen häusliche Spielräume nicht zur Verfügung stehen. Ihr Revier ist die Straße, der Hof oder das Feld. Da i. d.R. beide Elternteile arbeiten, bleiben die Kinder unter sich, meistens auch bei den von	Isolde Kurz erinnert sich: "Sie bestand gewöhnlich in einem durch Bänder verbundenen Reifgestell aus vielen Stockwerken, das erst unterhalb des schlank bleibenden Beckens leise begann und sich in immer erweiterten Ringen allmählich zu gewaltigem Umfang ausdehnte. (...) Wenn man aber damit über Zäune sprang und von Balken fiel, so zerbrachen die Reifen, und es gab alsdann	*Mädchenkleidung* Nach der Zeit der Revolution richtet sich der Blick wieder verstärkt auf Paris. Das hat auch für die Mode Folgen, denn Frankreich bringt einen Kleidungsstil hervor, der in seiner Pracht an das Rokoko erinnert.  61 Die *Krinoline*, ein mit Rosshaar (=*crin*) unterfütterter Reifrock und das Fischbeinkorsett sind wieder Bestandteil der Mädchenkleidung. Obwohl diese Mode öffentlich kritisiert wird, wird das Krinolinenkleid von Mädchen bis in die untersten Schichten getragen, auch im Alltag. Die Röcke sind etwa wadenlang, so dass unter dem Saum die oft prächtig mit Spitzen besetzten Unterröcke oder Wäschehosen hervorschauen. Die Kleider haben eine sehr schmale Taille, denn so kommen die mit Volants, Biesen, Lit-	*Kleiderstoffe* Hauskleider sind praktisch und waschbar etwa aus Baumwolle, Flanell, Popeline, Musselin. Beliebt sind auch duftige Stoffe Gaze und Tüll, die die Seide ersetzen. Diese feinen, empfindlichen Gewebe sind leicht brennbar und verursachen viele Unglücksfälle. So	*Bademode* Ab Mitte des 19. Jhs. wird Baden in der Öffentlichkeit populär. Damit wird der Badeanzug Bestandteil der Mode.  63

ihnen zu leistenden Arbeiten auf dem Feld, im Betrieb oder Haus. Auch im Jugendalter bleiben sie unter sich in sog. "Lichtstuben", Treffs der ländlichen Jungen, und werden dort auf ihre Zukunft vorbereitet. Die Entwicklung bleibt weitestgehend der Kontrolle Erwachsener entzogen. Das Bewusstsein und Verhalten dieser Kinder ist von einem starken "Wir-Gefühl" geprägt. Kinder wohlhabender Familien bekommen dagegen die uneingeschränkte Aufmerksamkeit der Eltern oder Erzieher, die ihre Kinder und deren kindliche Lebensform pflegen und fördern. Wenn es die Mittel zulassen, unterrichten Hauslehrer die Kinder, in der Hoffnung, deren Selbsttätigkeit und Selbstständigkeit zu fördern. Diese Eigenschaften sind für einen erfolgreichen Abschluss eines Gymnasiums und eines Uni-	häßlich hervorstechende Ecken ... Lili zerbrach die ihrigen nicht mehr, sie verstand die Kunst - denn es war eine solche -, sich immer schicklich und anmutig darin zu bewegen und sie beim Sitzen elegant mit zwei Fingern niederzuhalten." [59] "Einmal hat sie mir einen allerliebsten weißen Tarlatanhut mit schwarzen Samtbändchen mitgebracht, (...), ganz ähnlich den jetzt an den Badeorten üblichen Strandhüten. (...), das Hütchen erweckte (...) einen sittlichen Unwillen."[60]	zen und Bändern verzierten Röcke besser zur Geltung. Ein Muss ist die Kopfbedeckung. Entweder wird ein Kapotte ähnlicher Hut getragen oder ein breiter Strohhut mit herabhängenden Bändern. *Jungenkleidung* Die Mode der Jungen bleibt dagegen weitest gehend im Biedermeier verhaftet. Uniformähnliche Anzüge prägen das Bild, wobei die oberen Gesellschaftsschichten eher zu schlichter Kleidung neigt als der Mittelstand.  [62] Weiße Hosen, die bisher von Kindern zwischen 2 und 4 Jahren getragen wurden, werden zum Vorrecht der 6-10-Jährigen, darüber werden gegürtete Hemden getragen. Eine beliebte Farbe ist Rot, in Anlehnung an die Garibaldi-Hemden. Auch wenn man beginnt, die Jungen wieder "erwachsener" zu	verbrennt beispielsweise die Tochter des Malers W. v. Kügelgen beim Ankleiden, als ihr Kleid Feuer fing.	Den sittlichen und moralischen Vorstellungen entsprechend trägt man Badestrümpfe, Badeschuhe und einen Hut. Über einem Miederleibchen wird eine schwarze, gegürtete Bluse aus Halbwollstoff getragen. Die Beine stecken in waden- bis knöchellangen Hosen, die unten zugebunden sind. Es gibt sogar Modelle, die bereits unter dem Knie mit einer Rüsche gehalten werden. So ist ein Tabu gefallen, denn

versitätsstudiums gefragt. Nicht zuletzt geht dies auf die Reform des preußischen Schulwesens zurück, die Humboldt (1767 - 1835) bereits 1809 einleitete, als er im preußischen Staatsdienst tätig war. Das Lebensgefühl dieser Kinder ist durch ein individualisiertes Ich-Gefühl geprägt. Erstmals kann man davon sprechen, dass Generationskonflikte entstehen, die "im bürgerlichen Lebenskreis seit dem 19. Jahrhundert immer dann aufbrechen, wenn die Erwartungs- und Erfahrungshorizonte der Generationen auseinander treten und die junge Generation sich anschickt, die eigene Zukunft nicht nur als die Verlängerung der Lebensformen der Älteren hinzunehmen."[58]		kleiden, so bleibt ihre Kleidung im Gegensatz zu der der Mädchen bequem, so bequem, dass Jungen darin problemlos spielen konnten.		erstmals gestattet es die Mode den Frauen, ihre Beine zu zeigen.

Gründerzeit, Jahrhundertwende und Reformbewegung ca. 1870 - 1920				
Kindheitsvorstellung	**Berichte und Quellen zur Kinderkleidung**	**Mädchen- und Jungenkleidung**	**Materialien/ Farben/Muster**	**Besonderheiten**
Im Familienleben des Wirtschafts- und Bildungsbürgertums bleibt die Rollen- und Aufgabenverteilung der Ehepartner erhalten. Zwar sind es die Mütter, die für die Kindererziehung zuständig sind, Väter stellen aber die letzte Instanz aller Entscheidungen dar. So wird empfohlen: "Wo die Mutter über ihr Ja! oder Nein! Zweifelhaft ist, da rate sie dem Kind: Geh und bitte erst den Vater, oder: Wir wollen Vater fragen."[64] Festzustellen ist dabei, dass die autoritäre Strenge von Vätern, durch gütige Nachsicht von Müttern kompensiert wird. Dabei stehen Kinder im Mittelpunkt des häuslichen Lebens. So schreibt Helene Eyck	"Die Matrosenblusen, die wir oft trugen, fand ich noch erträglich, denn unsere hatten in dem Beutel, den sie um die Taille bildeten, Platz für alle Schätze: Ball, Magnet, Kompaß, Messer etc.. Aber welcher Kummer, wenn gute Kleidung oder die modischen Sachen, die die Eltern von ihren regelmäßigen Kleidereinkaufsreisen aus Paris mitbrachten, getragen werden mußten! In	*Weiß* bleibt die Farbe der Kindheit; sie steht für Unschuld, Reinheit und Reichtum. Weiterhin ist es üblich, Jungen im Vorschulalter Kleider tragen zu lassen. Das Streben nach Repräsentation und  [71] Ansehen ist während des gesamten Kaiserreiches in der Kinderkleidung deutlich sichtbar. Die Kleidung dient nicht nur dazu den sozialen Status der Eltern zu spiegeln, sondern soll die Kinder frühzeitig an die herrschende Ordnung gewöhnen. Die Geschichte der Reformkleidung beginnt mit dem Berliner Frauenkongress 1896. Man fordert von der Mode, ausdrücklich auch die der Kinder, Bewegungsfreiheit für die Or-	*Materialien* Zu Beginn der Epoche beginnt sich die Kleidung in Straßen-, Festtags-, Sport oder Berufskleidung zu unterscheiden. Der englische Einfluss auf die Tagesmode zeigt sich darin, dass *Wollstoffe* wieder verstärkt verwendet werden. Für Mäntel werden häufig Wollstoffe in Grat- oder Fischgratbindung verarbeitet. Später	*Matrosenanzug* Mit dem Aufbau der kaiserlichen Flotte 1874 setzt eine große Marinebegeisterung ein. Der Matrosenkleidung wird *die* Kinderkleidung schlechthin, der "echte Kieler Matrosenanzug" wird Symbol deutschen Nationalstolzes. Es entwickelt sich eine Mode, zugleich für Jungen und Mädchen aller Schichten. Den zunächst aus

1888 über die abendlichen Plauderstündchen mit ihren Nachbarn: "Wir sprachen eben von allem und dass da die Kinder und die Kindererziehung nicht unerwähnt blieben ist selbstverständlich."[65]
Erziehung sollte als Brücke zwischen Kinderwelt und Erwachsenenwelt dienen und die notwendigen und erwünschten Charakter- und Persönlichkeitsmerkmale herausbilden, wobei man nie die zukünftige gesellschaftliche und geschlechtsspezifische Rolle der Kinder aus den Augen verlor. Selbstständigkeit, Wagemut, Durchsetzungsvermögen und ein gewisses Draufgängertum sind Eigenschaften, die vom Bürgerssohn erwünscht sind, in ihm geweckt und gefördert werden. Um dies zu erreichen, können sich die Jungen einen außerfamilialen Erfahrungsraum schaffen, in dem sie sich

Erinnerung geblieben sind mir große Matrosenhüte aus schwarzen Hartgummi und bunt karierte Strümpfe, im Winter schwarze, im Sommer braune. Söckchen gab es nur für die Jüngsten. Und natürlich trug man Knopfstiefel (ca. 10 Knöpfe), deren Zuknöpfen mit Hilfe eines häkelnadelartigen Instrumentes eine tägliche Geduldsprobe war. Wie beneidete man die Buben wegen ihrer geschnürten Stiefel! Stiefel mußten es sein, denn Halbschuhe gab es nicht."

gane und eine Regulierung der Körpertemperatur durch praktische und waschbare Stoffe. Ab etwa 1880 taucht verstärkt die →*Matrosenkleidung* für Jungen und Mädchen auf.

[72]

Mädchenkleidung
Zu Beginn der Epoche bleibt sie der Damenmode angepasst. Die Kleider und Mäntel sind sehr aufwändig geschneidert und lassen die Bemühungen nach kindgerechter Kleidung kaum erkennen. Insbesondere die Mode, Kinder Hut tragen zu lassen, schränkt die Bewegungsfreiheit stark ein. Kein Kind einer *besseren* Familie geht ohne Kopfbedeckung auf die Straße. Im Zuge der Reformbewegung kommen Hänger mit angekrauster oder →*gesmokter* Passe und Blusenkleider in Mode.

[73]

kommen Noppenstoffe wie Cheviot und Tweedstoffe für Jungen zur Verwendung. Als besonders fein gelten farbige Samtstoffe. Daneben dominieren Popelin und Seide die Kleidermode. Beliebt ist Zephir, ein leinwandbindiger, feiner Baumwollstoff, dessen Glanz durch das 1844 entwickelte Merzerisieren hervorgerufen wird. Wenn Mädchen chic gemacht werden, verwendet man gerne Tarlatan, einen sehr

weißem Drillich gefertigten Sommeranzug

[79]

gibt es bald aus blauem Serge und Jersey für den Winter. Typisch ist der offene Ausschnitt. Kragen und Manschetten zeigen drei weiße Streifen, die an engl. Seeschlachten erinnern. Aus der franz. und deutschen

dem "feindlichen Leben" stellen und den späteren Kampf um das Dasein aufnehmen können. Holz- und Zinnsoldaten sind ein übliches Spielzeug. Die Angst, einen verweichlichten Stubenhocker großzuziehen, ist größer als die Angst vor Verrohung oder Verwilderung. Gleichzeitig ist jedoch in der Erziehung *aller* Kinder, jeglicher sozialer Herkunft, oberstes Motto: "Der Wille des Kindes muß gebrochen werden, das heißt es muß lernen, nicht sich selbst, sondern einem anderen zu folgen."[66] Ebenso sind Tugenden wie Gehorsam, Widerspruchslosigkeit oder Fleiß und Pflichterfüllung erwünscht. Sie werden für Fibeln oder Poesiealben formuliert: "Ein gutes Kind gehorcht geschwindt." oder "Sei treu im Kleinen / arbeite gern / liebe die Deinen / und Gott, deinen Herrn."[67]
Der Spielraum der Mädchen ist

(Adele Hauck, geb. 1892)[68]
"Zur korrekten Kleidung gehörte zu jeder Tages- und Nachtzeit eine Kopfbedeckung. Die Schüler der »höheren Lehranstalten« trugen bunte Mützen, für jede Klasse eine besondere Farbe. Sie waren geradezu vorgeschrieben. Wer ohne diese Mütze gesehen wurde, geriet automatisch in den Verdacht, auf dunklen Wegen zu wandeln oder gar verborgenen Lastern nachzugehen." (Theodor Sonnemann geb. 1900)[69]

Ober- und Unterteile dieser Kleider müssen genügend weit sein und zusammenhängen. Die Säume rutschen hoch und bedecken nur noch die Knie. Auch beengende Unterbekleidung wird abgelehnt, es sollen nur noch Reformleibchen, -beinkleid und Unterrock getragen werden. Reformschnitte sind jedoch eine kostspielige Angelegenheit, so dass auch diese Mode auf wohlhabende Kreise beschränkt bleibt.

74

Jungenkleidung Nachdem 1886 der Roman "Little Lord Fauntleroy" von Frances Burnett erscheint, kommt es in Mode, Jungen wie den kleinen Lord in schwarzen oder blauen Samt mit weißem van-Dyck-Kragen zu kleiden. Die engen, knielangen Hosen sind recht eng und schränken die Bewe-

75

dünnen, duftigen Stoff. Neben der maschinellen Produktion von Webstoffen, werden nun auch verstärkt Strickstoffe hergestellt. Gerade in der Sportbekleidung beginnt man gewirkte Stoffe sog. Jerseys zu tragen. 1885 wird der erste Matrosenanzug für Jungen aus Trikot hergestellt. Spitzen, Bordüren, Bänder und Litzen verzieren weiterhin die Kleider.
Farben Als sehr fein gelten Rot und Blau. Das feinste vom

Marine werden wohl die Tellermützen übernommen. Jungen tragen das Matrosenhemd zu langen Hosen, kurzen Hosen, Pumphosen und Knickerbocker. Mädchen kombinieren Matrosenblusen mit Faltenröcken.

80

Beliebt ist er auch in der Sportkleidung.
Schottenkaro Im Zuge des

eng begrenzt. Ihr Platz ist im Haus, in dem sie sich "sinnvoll" und ruhig zu beschäftigen haben. Es wird gestickt oder Klavier gespielt, um die Sorgfalt, Sauberkeit und den geduldigen Fleiß zu schulen. Puppen sind das Spielzeug der Wahl, an ihnen wird die Mutterrolle erprobt und der Sinn und das Interesse an schönen Kleidern und Geschmack sollen geweckt und geschult werden. Zusammenfassend lässt sich sagen, die Handlungsmuster, die geübt werden lauten: Der Mann darf fordern, die Frau muss geben. In Arbeiterfamilien stehen Kinder nicht im Zentrum des Interesses, da das Leben vom Kampf um die Existenz beherrscht wird. In der Regel erfahren die Kinder wenig Zuwendung und eine Erziehung nach reflektierten Grundsätzen und Regeln gibt es nicht. Die Kinder lernen früh Überle-	"Unsere 'künstlerische Aufmachung', das sind die Leinenkittel mit den hübschen Stickereien aus den Münchener Werkstätten. Mielein hat sie selbst ausgesucht, rote Kittel für die Buben, blaue für die Mädchen, wie es sich gehört. Was soll daran nun »apart« sein? Und warum verhöhnen uns die Gassenkinder, wenn wir uns in unseren schmucken Wämsen auf der Straße zeigen, zwei adrette Pärchen (Erika und ich; Golo und Monika), gefolgt von der	gungsfreiheit ein. Ältere Jungen tragen Tweedjacketts mit Kragen und Schleife, lange Hosen oder englische Kniehosen, sog. *Breeches*. An den Füßen trägt man nun Schnürstiefel oder Halbschuhe. Die Mode der Reformer kommt den Bedürfnissen der Kinder wieder mehr entgegen. Zwar bleiben die Jungen im Wesentlichen meist angezogen wie während der Gründerzeit, aber die Schnitte werden weiter und engen die Körper nicht mehr so ein. (vgl. 76) *Arbeiterkinder* "Reiche Kinder trugen Knöpfstiefel, arme mußten barfuß laufen."[76] Je weiter das Jh. fortschreitet, um so tiefer wird die Kluft zwischen Arm und Reich.  77 Es wird getragen, was gera-	Feinen ist aber →*Weiß*. *Muster* Am beliebtesten sind karierte Stoffe.	militärischen Einflusses auf die Mode kommen werden auch verstärkt karierte Stoffe für Mäd-  81 chenkleider verwendet, in Anlehnung an die schottischen Tartans. *gesmokt* Mit der Reformkleidung entdeckt man die Smoktechnik englischer Bauernhemden. Zunächst verwendet man sie nur für die Tenniskleidung, stellt aber bald fest, dass

bensstrategien. Eine Kindheit und Jugendzeit ohne konkrete Aufgaben und Verantwortung, wie sie bürgerliche Kinder erleben, ist Arbeiterkindern nicht bekannt. Es entwickelt sich aber eine sozialdemokratisch orientierte und klassenbewusste Arbeiterschaft mit einem ausgeprägten Gefühl für Solidarität und Verantwortungsbewusstsein. Hier bemüht man sich, ein eigenständiges Moral- und Familiendenken zu entwickeln, das sich nicht am Verhalten des Bürgertums orientiert. Es gelingt jedoch nur schwer, ein unabhängiges und eigenes familiales und soziales Selbstverständnis und –bewusstsein aufzubauen.	Gouvernante, beschützt vom hysterisch kreiselnden Schäferhund?" (Klaus Mann, geb. 1906)[70]	de da ist und das ist oft nicht viel, teilweise sind die Kleidungsstücke in einem so ärmlichen Zustand, dass man vielmehr von Lumpen sprechen müsste. Arbeiterkinder, die Schuhe für den Schulbesuch oder Sonntag oder feierliche Gelegenheit besitzen, gehören bereits besseren Kreisen der Arbeiterklasse an. Der Sonntagsstaat spielt eine wichtige Rolle, um sich vom Alltag abzusetzen. Er besteht in erster Linie aus dunklen →*Schottenkleidern*, schwarzen Strümpfen und Stiefeln. Weiße Kleidung ist bei Arbeiterkindern gar nicht zu finden. Es wird äußerst sorgsam darauf geachtet, dass die Kleidung sauber und adrett ist. [78] 		sich auch feine Stoffe smoken lassen. Schnell gilt: Feine Kinderkleider haben gesmokte Oberteile.

Zwanziger Jahre / Weimarer Republik ca. 1918 - 1933				
Kindheitsvorstellung	**Berichte und Quellen zur Kinderkleidung**	**Mädchen- und Jungenkleidung**	**Materialien / Stoffe / Muster**	**Besonderheiten**
In der Zeit nach dem Ersten Weltkrieg geht die Geburtenrate stark zurück. Kommen in der Zeit von 1871-1881 statistisch 4,5 Kinder auf eine Ehe, so sind es im Jahr 1929 nur 1,9. Immer stärker entwickelt sich die Familie zur obersten Erziehungsinstanz. Die Verfassung der Weimarer Republik sieht in Artikel 120 vor: "Die Erziehung des Nachwuchses zur leiblichen, seelischen und gesellschaftlichen Tüchtigkeit ist oberste Pflicht und natürliches Recht der Eltern, über deren Betätigung die staatliche Gemeinschaft wacht." Unehelichen Kindern wird dasselbe Recht zu gesprochen. In Arbeiterfamilien fehlen häufig	Valentin Senger, geb. 1918[83] erinnert sich an seine Mutter: "Ihr Arbeitstag hatte sechzehn Stunden, ihre Arbeitswoche sieben Tage. Sie versorgte nicht nur den ganzen Haushalt einer fünfköpfigen Familie, sondern nähte auch noch alles, was wir Kinder anzogen. Aber ihr Selbstgenähtes war nur praktisch, nie kleidsam, nur auf	 [85] In den Jahren nach dem Krieg ist die Kleidung von der Not gekennzeichnet. Viele Mütter sind darauf angewiesen, Kleidung selbstzunähen. Dabei halfen Ratgeber und Zeitschriften mit Vorschlägen und Schnittmustern. Die Reform setzte sich fort, so dass die Kinderkleidung immer kindlicher und zweckmäßiger wurde. *Mädchenkleidung* Nach dem Ersten Weltkrieg rutschen die Rocksäume über das Knie. Je jünger die Mädchen, desto kürzer	*Strickwaren* Die Strickmode der Erwachsenen nimmt deutlich Einfluss auf die Kindermode. Nach dem Ersten Weltkrieg wird wieder handgestrickt. Selbst gestrickte Handschuhe, Schals oder Mützen sind selbstverständlich. Daneben werden auch →*Pullover* Kleider, Jacken, Röcke und Mützen in vielen	*Pullover*, Pullover entwickeln sich zu den beliebtesten Kleidungsstücken der Zeit. Es gibt sie in allen Varianten: mit rundem Ausschnitt,  [89] mit V-Ausschnitt und sogar mit Rollkragen. Man trägt ihn einfar-

wirtschaftliche und soziale Mittel, diesem neuen Anspruch gerecht zu werden. Kindergärten sollen Hilfe bieten, wenn Familienerziehung fehlt. Dabei ist man bestrebt, Bewahranstalten für Arme durch demokratische Volkserziehungsstätten mit reformpädagogischem Anspruch zu ersetzen.

Trotz eines Kinderschutzgesetzes, das Kindern unter 12 Jahren die Fabrikarbeit verbietet und Jugendliche bis zu 16 Jahren max. 10 Stunden Arbeit täglich, außer sonntags, erlaubt, ist besonders in Heimarbeit, Haushalt und Landwirtschaft die Kinderarbeit weit verbreitet. In vielen Arbeiterhaushalten reicht das Geld nicht, den Kindern eine warme Mahlzeit zu geben. Um die größte Not zu lindern, werden staatlich und privat Kindervolksküchen oder Stadtranderholungen

Zuwachs berechnet, nie ganz passend, die Mäntel waren zu dick, die kurzen Hosen zu lang, die Hemden zu weit. Damit machte sie uns zum Gespött in der Straße und zu Außenseitern in der Schule. Als sie mir einmal eine alte Einkaufstasche aus braunem Wachstuch zum Rucksack für die Ferienspiele umnähte, riefen die anderen Kinder mir einen Sommer lang "Taschenbuckel" nach." "In man-

die Röcke. Als modisch gelten glatte Ober teile mit sichtbarem Ausschnitt, tief angesetzter Taille, an der ein Faltenrock anschließt. Weiterhin werden Schürzen getragen. Im Sommer gehören Söckchen, im Herbst Kniestrümpfe und im Winter lange Strümpfe, die mit Gummibändern am Leibchen befestigt sind, zur Kleidung. Als chic gelten Lackschuhe.

86

Wie die Mütter tragen auch die Töchter die Haare zu einem Bubikopf geschnitten. An Sonn- oder Festtagen wird eine große Taft- oder Satinschleife, der sog. Propeller, getragen.

87

Jungenkleidung Nach dem Ersten Weltkrieg geht der Matrosenanzug zurück. Statt dessen tragen Jungen nun Sporthemden, →*Pullover* und Jacketts. Dazu eine

Farben und Mustern gestrickt. Strickwaren gelten als warm und praktisch, da sie nicht knautschen und gebügelt werden müssen. Außerdem kommen sie der gefragten Bewegungsfreiheit der Kinder entgegen. Die Unterwäsche der Mädchen besteht aus Hemd und Schlüpfer aus Baumwolle oder Kunstseide. Bald werden auch Wollstrümpfe oder Baumwollstrümpfe durch Strümpfe aus Kunstseide

big oder bunt, glatt oder gemustert, mit kurzen und mit langen Ärmeln oder ohne Ärmel als sog. Weste, was heute als Pullunder bekannt ist.

Turnkleidung Turnen etabliert sich als Unterrichtsfach somit auch eine sportliche Turnkleidung aus

90

einem weißen, kurzärmeligen Baumwollhemd

organisiert, deren Mittel mit zunehmender Wirtschaftskrise wieder eingeschränkt werden.  82	chen Schulen hatte kein Kind ein ganzes Hemd, vielfach waren aus alten Decken, Gardinen u. dgl. in der dürftigsten Weise Kleidungsstücke zusammengeflickt."[84]	kurze Hose, zu der im Winter Strümpfe getragen werden. Sichtbar getragene  Hosenträger gelten als unfein. Die Hosen werden von einem Gürtel gehalten, obwohl dies nach Meinung vieler Eltern die Jungen einenge. Jungen bis 5 oder 6 Jahren tragen sog. Russenblusen, die zu bequemen, kurzen Spielhosen getragen werden. 88	ersetzt.	und schwarzer Hose, auch für Mädchen. Zwischen 1928-30 kommt der Trainingsanzug mit Gummizug auf.

Nationalsozialismus 1933 - 1945				
Kindheitsvorstellung	**Berichte und Quellen zur Kinderkleidung**	**Mädchen- und Jungenkleidung**	**Materialien / Stoffe / Muster**	**Besonderheiten**
"Mit >Kinder< bezeichnen wir die nichtuniformierten Wesen niedriger Altersstufen, die noch nie einen Heimabend oder einen Ausmarsch mit gemacht haben."[91] So der Reichsjungendführer Baldur von Schirach. 1936 wird es zur Pflicht aller Kinder und Jugendlicher zwischen 10 und 18 Jahren, Mitglied der Hitlerjugend zu werden. Zunächst ist die Mitgliedschaft attraktiv. Getreu dem Motto "Jugend erzieht Jugend" ist man unter sich und unabhängig von Eltern und Schule.  92 Um die Jugendlichen optimal auf die erwartete Rolle vorzubereiten, findet die Erziehung streng	"Gerade bei der Jugend muß auch die Kleidung in den Dienst der Erziehung gestellt werden. Der Junge, der im Sommer mit langen Röhrenhosen herumläuft, eingehüllt bis an den Hals, verliert schon in seiner Bekleidung ein Antriebsmittel für seine körperliche Ertüchtigung. Denn auch der Ehrgeiz, und sagen wir es nur ruhig, die Eitelkeit muß herangezogen werden. Nicht die Eitelkeit auf schöne Kleider, die sich	 101 Die Kindermode ändert sich wenig. Wieterhin tragen Mädchen kurze Hängerkleider aus hellen und bunten Stoffen, mit oder ohne kleinen weißen Kragen, karierte Faltenröcke, die je nach Alter der Mädchen mit Trägern versehen sind. Spangenschuhe bleiben die beliebteste Fußbekleidung. Immer mehr Mädchen tragen Dirndlkleider, die allerdings nicht mit der bayerischen Tracht zu verwechseln sind. Das städ-	Die Stoffe, Farben und Materialien der zivilen, nicht uniformen Kleidung ändern sich gegenüber den 20er Jahren nicht. Für die Uniformen der HJ sind nur ganz bestimmte Farben zugelassen. Die vorherrschenden Farben sind braun, schwarz, weiß und blau. Wie sie zu tragen sind und welche Farben	Während der NS Zeit wird jeder gezwungen, seine Gesinnung oder angeordnete Zugehörigkeit sichtbar durch Abzeichen an der Kleidung zu zeigen: *HJ-Stoffabzeichen* Du trägst es auf dem linken Oberarm Deiner braunen Weste. Es wird über dem Ellebogengelenk senkrecht angenäht, und zwar so, daß der weiße

nach dem Geschlecht getrennt statt. Ideale Männer für das Reich sind: "Zäh wie Leder, hart wie Kruppstahl, flink wie Windhunde."[93]  Mädchen sollen auf ihre Rolle als deutsche Mutter eines erbgesunden Nachwuchses vorbereitet werden (→*Dirndl)*. "Schwächliche >Damen< und solche Wesen, die ihren Körper vernachlässigen und in Faulheit verkommen, gehören nicht in die kommende Zeit."[94] 1936 wird die HJ zur Staatsjugend erklärt. 1939 sind bereits acht Millionen Kinder Mitglieder der HJ. Die vormals jugendorientierten Nachmittage	nicht jeder kaufen kann, sondern die Eitelkeit auf einen schönen wohlgeformten Körper, den jeder mithelfen kann zu bilden. Auch für später ist es zweckmäßig. Das Mädchen soll einen Ritter kennenlernen."[98] (Adolf Hitler, Mein Kampf) "Alle Rasenflächen und Aschenbahnen wimmelten von Mädchen und Jungen in schwarzen Turnhosen und weißen Turnhemden, auf denen der Rhombus mit dem Hakenkreuz in der Mitte aufgenäht war, und die Zuschauertribünen und Umkleidebaracken waren von	tische Dirndlkleid besteht meist aus einem ärmellosen Oberteil unter dem eine weiße Bluse mit Puffärmeln getragen wird. Laut Weber-Kellermann "erhielten die Dirndlkleider jetzt im Zusammenhang mit der Überbetonung des bäuerlichen Elements einen neuen Akzent. (...) Ihr Familienverständnis schrieb der Frau die Rolle der Mutter, der Gebärerin, des Heimchens am Herd zu, auch die der Pflanzenden und Erntenden. Das ländliche Kleid war das richtige Kostüm dafür."[102] Auch die Kleidung der Jungen bleibt erhalten: kurze Hose, Pullover oder Weste. Mit der Ideologie Hitlers verliert die kurze Hose ihre Kennzeichen der Kindheit und wird zum Erkennungszeichen völkischer Jugend, das die wohlgeformten Beine des arischen Jungmanns sichtbar macht. Mit Eintritt in die HJ wird die Kleidung radikal uniformiert. *Mädchenkleidung* Die Uniform der Mädchen besteht aus einem blauen Rock mit Gürtel, weißer Bluse und einem schwarzen Halstuch mit Lederknoten, als Kopfbedeckung	ausgeschlossen sind, ist in den Bekleidungsvorschriften genau festgehalten. So gilt etwa für die Jungmädel Folgendes: "Sobald Du in Bundestracht auftrittst, sieht jeder in dir eine Vertreterin des Jungmädelbundes und beurteilt nach Dienem Aussehen und Deiner Haltung den ganzen Bund. Deshalb muss Deine Tracht zu jeder Zeit tadellos in Ordnung sein, das heißt Deine Bluse muß	Rand nicht zu sehen ist. Genau so wird es auch auf die Schibluse und der Bluse des Übungsanzuges getragen. Auf dem Sporthemd sitzt es in der Brustmitte. Das *HJ-Metallabzeichen* trägst Du auf der Mitte der linken Tasche Deiner Bluse und Weste. *Mantelarmstreifen* Als Erkennungszeichen Deines Obergaues trägst Du auf dem linken Unterarm ungefähr 3 Finger breit über dem Ärmelende den Mantelarmstreifen. Er

oder Abende verlaufen immer stärker militaristisch. Unter vielen Mitgliedern beginnen sich kritische Stimmen zu melden. Immer mehr Väter und ältere Brüder werden in den Wehrdienst eingezogen und verlassen die Familien, um in den Krieg zu ziehen. Viele Mütter sind ganztägig in der Rüstungsindustrie beschäftigt, so dass die Kinder sich selbst überlassen bleiben. In den Großstädten beginnen sich Jugendcliquen zu bilden. Der Staat versucht 1939 per "Jugenddienstverordnung" dieser Entwicklung entgegenzuwirken. Jugendliche werden zu Arbeiten herangezogen, wer seine Dienste vernächlässigt, kann mit einer Haftstrafe rechnen. Ab 1940 werden Kinder in Lagern der Kinderlandverschickung untergebracht. Auch hier erzieht die HJ und der NS Lehrerbund. Bereits lange vor Kriegsende macht sich eine Abkehr von dem NS Ideal bemerkbar. Die jahrelange, permanente

braunen Hemden und weißen Blusen, blauen Röcken und kurzen schwarzen Hosen, schwarzen Dreieckstüchern und geflochtenen Lederknoten, Jungvolkdolchen und Schulterriemen überschwemmt: schreiende, eifrige, verschwitzte Massen, die zu Trupps geordnet und in die Wettkämpfe geschickt wurden ... Den Körper stählen, Körper und Geist stählen durch Sport!"[99] (Christa Wolf)
"Am Tisch saßen ebenfalls weibliche Häftlinge mit alten Nummern. Diese waren jedoch nicht

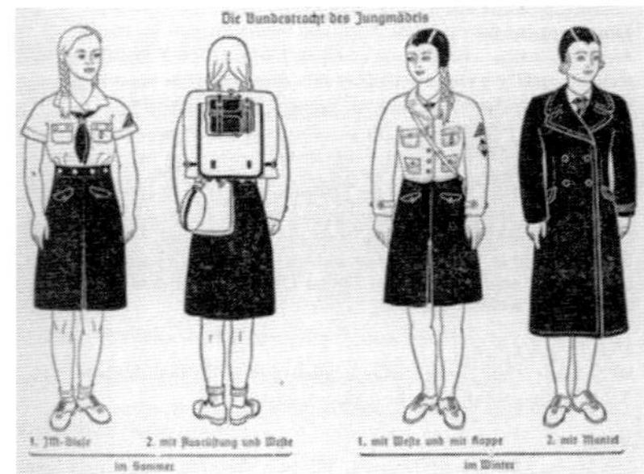

103

dient ein Tuch. Weiter gehören eine sechsknöpfige braune Kletterweste aus →*Velveton* mit vier Taschen sowie eine berchtesgardener Jacke und eine Führerschnüre zur Uniform. Jungmädel bekommen das Halstuch und den Knoten nach der Aufnahmeprüfung zur Bundestracht verliehen. Statt Bubikopf wird nun eine Zopffrisur getragen. Man legt sie als Schnecke um die Ohren, trägt sie als "Affenschaukel" oder lange Zöpfe als "Gretchenkranz" um den Kopf gewickelt. *Jungenkleidung* Die Uniform der 10-14jährigen, dem sog. Deutschen Jungvolk, besteht aus einem

frisch gewaschen, Dein Rock sauber gebürstet und Deine Schuhe müssen gut geputzt sein. (...) Zur Bundestracht darf kein Schmuck getragen werden. Du bist deinen Kameradinnen um nichts überlegen, wenn du Ketten und Armbänder, Ohrringe und Stirnreifen trägst. Zur BDM-Weste gehören auch keine noch so niedlichen Holzschuhchen. Tuch und Knoten werden

ist hellbraun. Der Obergauname ist weiß eingewebt. *Obergauarmdreieck* Du trägst es auf dem linken Oberarm der Jungmädchenbluse, der Weste und Schibluse. Auf der Weste und der Schibluse wird es dicht über der oberen Spitze des HJ-Stoffabzeichens aufgenäht; bei der anderen Bluse sitzt der untere Rand des Dreiecks an der Naht des Ärmelsaumes. Die Spitze liegt dann ungefähr in Höhe des Brusttaschenrandes. Das Dreieck

Propaganda und stetige Indoktrination haben es allerdings geschafft, dass sich bei den Kindern und Jugendlichen kaum eine Grundlage für ein demokratisches Verständnis bilden kann. "Hinter dem Idealbild eines an Leistung und Arbeit orientierten unpolitischen Lebens verbarg sich zumeist eine tiefverwurzelte Bejahung autoritärer Strukturen."[95] 1933 leben rund 560.000 Juden in Deutschland. Der Alltag für die jüdisch deutschen Kinder wird neben dem Besuch des Kindergartens oder der Schule zu einem Albtraum. Antisemitische Bilderbücher werden zu Erziehungszwecken eingesetzt, anstelle eines Grußes ist es nicht ungewöhnlich, dass der Direktor mit "Der Jude ist unser Unglück" eine Klasse begrüßt. Wer nicht lautstark antwortet, muss den Satz 500 Mal aufschreiben. Ab dem 15.11.1938 dürfen jüdische Kinder keine öffentlichen Schu-	kahlgeschoren und trugen schwarze Kittel. Sie schrieben uns ein, nahmen unsere Dokumente und unsere Kleidung in Verwahrung. (...) Wir mußten uns ausziehen, jemand stopfte unsere Sachen in Säcke, (...). Unterwäsche und gestreifte Häftlingskittel wurden verteilt. Ich bekam ein Hemd, das mit gelben Streifen bekleckert war, in die Hand gedrückt. Ich erfuhr, daß es sich um getrocknete Nissen handelte. Voller Ekel warf ich das Hemd weg, wofür ich eine Ohrfeige von einer Verteilerin bekam. (...) Ich	braunem Hemd mit Lederknöpfen,  104 einem schwarzen Halstuch mit braunem Knoten, einer Koppel mit Runenschloss, Schulterriemen und Fahrtenmesser. Weiter gehören eine schwarze kurze Hose sowie eine schwarze Schiffchenmütze zur Uniform. Die 14-18-Jährigen, die sog. Hitlerjugend, trägt das braune Hemd ergänzt durch Schulterklappen, im Winter schwarze Stiefelhosen mit Schaftstiefeln, braune Schirmmützen, sowie einen einreihigen Mantel mit aufgesetzten Brusttaschen, herausgeklappten Kragenaufschlägen und schwarzen Lederknöpfen. Daneben gibt es regionale Varianten der Uniform, so wird etwa in Bayern eine kur-	durch bunte Anhänger nicht verschönt. Genau so unmöglich ist es, rote Mützen, grüne Schals, blaue Handschuhe, gelbe Jacken, helle Schuhe zur Bundestracht zu tragen. Bedenke immer, daß durch Deine Nachlässigkeit und Unordentlichkeit sofort das einheitliche Bild Deiner Jungmädelschaft zerstört wird. Es muß Dein Stolz sein, stets in vorschriftsmäßiger Bundestracht	enthält den Namen des Gauverbandes und deines Obergaues, zu dem Du gehörst, und zwar in weißer Schrift.[108] So lauten einige der Vorschriften zum Tragen der Jungmädeluniform. Die Häftlinge in den Lagern und Ghettos haben neben einer Nummer ein Dreieck (Winkel) zu tragen, der den Grund der Einlieferung anzeigt. Bei Nichtdeutschen ist der Anfangsbuchstabe ihrer Nationalität im Winkel ange-

len mehr besuchen. Kinder, deren Familien bis zum Ausreiseverbot 1941 dem NS Regime entkommen, werden

86

deportiert und auf Lager und Ghettos verteilt. Viele Kinder werden von ihren Familien getrennt. Dürfen sie Kontakt zu Verwandten halten, so wird die

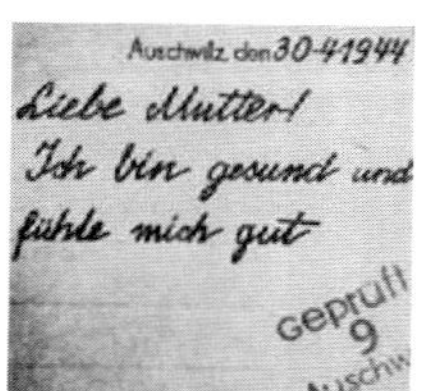
Auschwitz, den 30-4-1944
Liebe Mutter!
Ich bin gesund und
fühle mich gut
geprüft
9

97

bekam ein besseres Hemd - da waren wenigstens keine Nissen drauf zu sehen. Mein gestreifter Häftlingskittel war zu lang - Zosia reichte er bloß bis zu den Knien. Ich tauschte ihn mit ihr. (...) Sie warfen uns Holzpantinen hin. (...) Alle paar Sekunden blickten wir auf unsere Nummer, unsere Füße und faßten uns an den kahlgeschorenen Kopf."[100] (Krystina Zywulska)

ze Lederhose mit weißem Hemd getragen. Ein militärischer Kurzhaarschnitt ist in Mode. Ab September

105

1941 wird es zur Pflicht für alle Juden ab dem 6. Lebensjahr, einen Stern zu tragen. Der Judenstern besteht aus einem handtellergroßen, schwarz umrandeten Sechsstern aus gelbem Stoff. In der Mitte ist er mit der schwarzen Aufschrift "Jude" versehen. Er ist auf der linken Brustseite anzubringen. Juden, die in ein Lager oder Ghetto deportiert werden, müssen ihre Kleidung ablegen und Häftlingskleidung, mit der entspre-

zum Dienst zu erscheinen."[107]

Velveton ist ein unechter Samt in Atlasbindung. Durch das Hinzunehmen von Bindungspunkten entsteht eine raue, körnige Oberfläche. *Drillich* ist eine dichte, feste und strapazierfähige Gewebekonstruktion in Köper- oder Drellbindung. Bevorzugte Materialien sind Baumwolle, Leinen oder Halbleinen. Stoffe aus Drillich werden

führt. Die Farbe des Winkels zeigte den Haftgrund an: Juden tragen einen gelben Winkel, der mit der Spitze nach oben auf die Kleidung genäht ist. Darüber ist andersherum ein Dreieck genäht, dessen Farbe die Haftursache bezeichnete, so dass sich ein sechszackiger Stern bildet: *Rot-Gelb* bedeutet jüdischer politischer Schutzhäftling. Einen *blau-gelben* Stern tragen jüdische Emigranten.

Korrespondenz nicht selten von der Lagerleitung vorgeschrieben. Kleine Kinder, die noch nicht arbeiten können, werden in Auschwitz i. d. R. sofort getötet. Kräftigere Jungen werden etwa als Maurerlehrlinge zum Bau eingesetzt. Alle Kinder sind krank und unterernährt. Kinder, die im Lager geboren werden, werden unmittelbar nach der Geburt getötet. Kinder sog. arischer Herkunft werden ab 1943 im Lager registriert und bekommen wie alle anderen Inhaftierten eine Nummer eintätowiert. Von den etwa 115.000 Kindern bis 11 Jahre, die in Auschwitz untergebracht sind, leben nach der Befreiung 1945 kaum noch 200. Viele davon Zwillinge, die SS Ärzte zu Experimenten missbrauchen.		chenden Kennzeichnung tragen.  [106] In Auschwitz besteht sie aus blau-weiß-gestreiften →*Drillich*. Männliche Häftlinge erhalten Hemd, lange Unterhose, Jacke, Hose, Holzschuhe und im Winter evtl. einen ungefütterten Mantel. Frauen erhalten selten Unterwäsche. Im Frühjahr 1942 reicht die Rohstoffzuteilung nicht mehr aus, um die Häftlinge einzukleiden, so dass die SS neuen Häftlingen Kleidungsvorräte von vergasten Juden gibt. Die Häftlinge leiden unter der notdürftigen, zerrissenen und verschmutzten Kleidung. Waschen kann man sie nicht, was zur Verbreitung von Krankheiten beiträgt. Die Haare werden den Häftlingen geschoren.	häufig für Matratzen verwendet.	*Grün-gelb* ist der Stern jüdischer Berufsverbrecher *schwarz-gelb* der jüdischer Asozialer und *gelb-weiß* jüdischer Rassenschänder.[109]

Nachkriegszeit und Wirtschaftswunder ca. 1945 - 1968				
Kindheitsvorstellung	**Berichte und Quellen zur Kinderkleidung**	**Mädchen- und Jungenkleidung**	**Materialien/ Farben/ Muster**	**Besonderheiten**
Die Beendigung des Zweiten Weltkrieges und der Verlust von Wohnraum sei es durch Bomben, Evakuierung oder Flucht macht es für viele Menschen in der BRD notwendig, näher zusammenzurücken. Lebensnotwendige Güter müssen privat organisiert  110 oder hergestellt werden. Kinder und Jugendliche übernehmen Aufgaben, um die Versorgung zu sichern. Selbst beim Spielen ist	"Ich stand (in der Badeanstalt) in meinem grünen Wollbadeanzug, den Mama aus alten Pullovern geschneidert hatte, der sich im Becken voll Wasser sog, schwer und formlos wurde."[114] (Angelika Mechtel, geb. 1943) "Ich hatte mir einen Petticoat dazu gewünscht,(...). Er wäre teurer als das Kleid ge-	 117 Die Kleidung der Nachkriegszeit ist zunächst von Not und Armut gekennzeichnet. Auch nach dem Krieg können sich nur wenige Menschen neue Kleidung leisten bzw. gibt es neue Kleider nur gegen Kleiderkarten. Allgemein gilt das Motto "Aus alt mach neu." Alte Pullover werden aufgeribbelt und zu Socken, Strümpfen oder Schals verarbeitet. Decken, Vorhänge, alte Mäntel werden	Nach den Jahren, in denen alte Decken, Mäntel, Vorhangstoffe oder Wolle zum Schneidern von Kleidung verwendet werden, kommen in den 50er Jahren für Sommerkleider helle Farben in Mode. Dagegen tragen die Halbstarken bevorzugt schwarz. Beliebt sind florale Muster oder Einzelmuster oder klare geometrische Mus-	 121 *Lederhose* Die Lederhose entwickelt sich von einem Bestandteil der alpenländischen Tracht über einem Teil der HJ Uniform zu dem beliebtesten Kleidungsstück zwischen 1945 und 1965.

die Aufmerksamkeit auf das Entdecken von Essbarem, Tauschbarem, verwertbarem Material oder einen Nebenverdienst gerichtet. Somit sind Arbeit und Spiel der Kinder wieder ineinander verwoben und nicht pädagogisch begründet. Während der gesamten 50er Jahre ist man mit dem wirtschaftlichen Aufbau des Landes beschäftigt. Für Kinder gibt es außer der Schule keine besonderen Räume oder Institutionen. Häufig wachsen die Kinder vaterlos und von arbeitenden Müttern unbeaufsichtigt auf. Unzählige Kinderhorden finden in den Trümmerplätzen einen aufregenden, gefährlichen Spielplatz. Die Zahl der Kindergarten- und Hortplätze für die "Schlüsselkinder" ist nicht ausreichend. Die Kinder und Jugendlichen dieser Zeit sind "geprägt von der für diese Generation so frühen großen Selbständigkeit und Mitverantwortung."[111] Eltern greifen auf tra-	wesen. Du kannst einen ganz normalen Unterrock darunter ziehen, hatte sie gesagt."[115] "Söckchen und weiße Kniestrümpfe im Frühjahr und Herbst, wenn es noch oder schon wieder zu kühl war, um barfuß zu laufen, gingen ja noch, aber die langen Wollstrümpfe im Winter, die man an scheußlichen Leibchen mit scheußlichen Strumpfhaltern aus Gummiband befestigen mußte, damit sie möglichst	in Kleider, Röcke, Blusen verwandelt. Aus aufgetragenen Erwachsenenkleidung wurde Kinderkleidung geschneidert. *Mädchenkleidung/ Jugendkleidung* Im Laufe der 50er Jahre beginnt sich neben der Kindermode eine Jugendmode zu etablieren, was von der Konfektionsindustrie stark gefördert wird.  [118] Die Teenager der Zeit hatten den Krieg häufig nicht bewusst miterlebt. Sie versuchen ihre Garderobe erfinderisch zu erweitern und zu gestalten. Der →*Petticoat*, durch Brigitte Bardot populär gemacht, wird zu einem der begehrtesten Kleidungsstücke. Für viele der Mädchen ist ein solcher Unterrock kaum erschwinglich, so dass er durch weite, gebauschte Röcke oder einfache weite Unterröcke ersetzt wird. Zu den weiten Röcken trägt man enge Pullover oder	ter. Nicht selten werden Ringelmuster getragen bzw. Streifen in klaren Farben. Im Zuge der Entwicklung einer eigenständigen Freizeitmode kommen Hawaiimuster in Mode. Nach dem Zweiten Weltkrieg werden die ersten Voll-Chemiefasern erfunden. Die Polyamide sind in Deutschland unter den Namen *Perlon* und *Nylon* bekannt, Polyester kennt man etwa unter den Namen *Diolen* und *Trevira*, die	Lederhosen sind pflegeleicht: Flecken sind nicht zu sehen, sie brauchen nicht gewaschen und gebügelt zu werden, beim Spielen reißt das Material sehr selten ein oder geht kaputt. Sie sind mit jedem Oberteil zu kombinieren und können sogar mit einem weißen Hemd an Sonntagen getragen werden. Es gibt sie verhältnismäßig preiswert in unterschiedlichen Varianten zu kaufen: Mit Trägern und ohne, aus Wild- oder

dierte Erziehungsmuster zurück. Bis in die 60er Jahre bleiben Gehorsam, Ordnung und gutes Benehmen oberste Ziele der Erziehung. Das ändert sich erst gegen Ende der Dekade im Zuge der Studentenbewegung. Im Laufe der 60er Jahre verschwindet die Trümmerlandschaft und mit ihr, in den neuen Wohn- und Siedlungsformen, die räumlichen Gegebenheiten für ein freies unbeobachtetes Kinderspiel. Die Planung der Städte, insbesondere der Vorstädte berücksichtigt nur selten die Bedürfnisse der Kinder. Das Spiel der Kinder beginnt sich von draußen nach drinnen zu verlagern. Die Bemühungen mittels Spielplätzen diesen Fehler wieder gut zu machen, misslingen. Mit dem wachsenden Wohlstand etabliert sich eine Spielzeugindustrie, die die Bundesrepublik mit einem altersspezifischen Warenangebot überschwemmt.[112] Es beginnen sich	stramm saßen, waren schon die reine Mädchenschinderei. Wie beneidete ich jeden Jungen, der im Winter in langen Hosen durch die Gegend flitzen konnte: warm verpackt und trotzdem bequem angezogen, zehnmal beweglicher als jedes Mädchen. Damit uns der Hintern unterm Röckchen nicht erfror, mußten wir Mädchen zu allem Übel auch noch schauderhaft große, wollene Unterhosen tragen. Die kratzten genauso	Blusen. Auch die Hosenmode setzt sich bei Mädchen durch. Besonders beliebt sind hautenge Caprihosen. Ballerinas und Stöckelschuhe gehören zu den beliebtesten Schuhen. Pferdeschwanz und Ponyfrisur sind hochmodisch. Eine Dauerwelle können sich zu der Zeit noch nicht sehr viele Mädchen leisten. *Jungenkleidung* Zu dem beliebtesten Kleidungsstück der Jungen und zum ultimativen Zeichen der Kindheit entwickelt sich die →*Lederhose*. Sie ist sowohl bei den Kindern als auch bei den Eltern gleichermaßen bliebt. Mitte der 60er Jahre beginnt ihre Beliebtheit abzunehmen und wird in erster Linie nur noch von kleinen Jungen getragen.  119 Für die männlichen Teenager beginnen bereits gegen Ende der 50er Jahren die Jeans bekannt zu werden. Deutsche Jugendliche lernen sie durch	Polyacrylnitrile werden beispielsweise als *Dralon* oder *Dolan* vermarktet. Aus der Mode der 50er Jahre sind Chemiefasern kaum wegzudenken. Diese Chemiefasern haben den Vorteil, dass sie nicht knittern, stark feuchtigkeitsabweisend, ein hohes Wärmerückhaltevermögen besitzen und sehr elastisch sind. Der Nachteil ist, dass sie häufig nicht lichtbeständig sind bzw. zum Vergilben neigen. Während der 60er Jahre	Glattleder, in Grün, Grau und Rot. Oft sind sie mit Eichenblatt oder Herzen verziert. 122  *Petticoat* Der Petticoat wird in Deutschland auch "Wipprock" genannt. Es ist ein steifer, weiter Unterrock aus →*Perlon* oder gestärkter Baumwolle. Oft ist er mit Spitzen versehen. Er wird

eigene "Kulturen" - Musikstile, Fernsehserien, Comicliteratur - zu entwickeln. Ein weiterer mächtiger Faktor im Kinderleben beginnt der Fernseher zu werden. "Die Kindheit der sechziger und siebziger Jahre wird übereinstimmend als Konsum und Fernsehkindheit (...) bezeichnet."[113]	wie die blöden Strumpfbänder aus Gummi, denn damals war Nachkriegszeit und die Qualität aller Dinge nicht die beste."[116] (Monika Speer)	amerikanische Soldaten kennen. Die sog. Halbstarken beginnen sich an Filmidolen wie James Dean, Marlon Brando oder Horst Buchholz zu orientieren, die durch ihren unkonventionellen Kleidungsstil und ihr rebellisches Verhalten Aufsehen erregen.  [120]	beginnt man, Chemiefasern mit Naturfasern zu mischen.	von den 50er Jahren bis Anfang der 60er Jahre getragen.

Die Zeit der gesellschaftlichen Individualisierung in West- und Gesamtdeutschland ca. ab 1968				
Kindheitsvorstellung	**Berichte und Quellen zur Kinderkleidung**	**Mädchen- und Jungenkleidung**	**Materialien/ Farben/ Muster**	**Besonderheiten**
Im Zuge der Studentenbewegung werden die familiale Sozialisation der Kinder und die Geschlechtsrollendifferenzierung in den Familien grundlegend in Frage gestellt. Autoritätsstrukturen der bürgerlichen Familie werden problematisiert, traditionelle Erziehungsziele wie Gehorsam und Anpassung werden öffentlich diskutiert. Die Auseinandersetzung mit Beziehungs- und Erziehungsproblemen führt zur  123 Gründung von Kinderläden, in denen antiautoritäre Erziehung praktiziert wird. Obwohl die	"So einen Wildlederrock aus Streifen hatte ich auch. Wir haben die Dinger immer Bananenrock genannt, weil die einzelnen Stücke irgendwie an Bananen erinnerten. Dazu hatte ich ein grünes T-Shirt, auf dem aus aufgebügelten Buchstaben mein Name stand. Besonders stolz war ich allerdings auf eine Schlagjeans, die unten mit Blumen bestickt war. Richtig gut sahen	Ende der 60er Jahre beginnt sich das Bewusstsein durchzusetzen, dass man alles tragen kann, was man tragen möchte. Die Modeströmungen wechseln sich mit den Jahreszeiten ab, teilweise gibt es parallel verlaufende Moden, die immer deutlicher zeigen sollen, welche Philosophie der Träger seinem Leben zu Grunde legt oder welcher Gruppe er sich zugehörig fühlt. Ein Kleidungsstück, das sich  134	Echter Jeansstoff heißt *Denim*. Seine spezielle Oberflächenstruktur wird erreicht, indem der Stoff in der sog. *Köperbindung* gewebt wird. Die Jeansnaht, die jede Jeans als echt ausweist, nennt man *Kappnaht*. Etwa ein Viertel der Jahresproduktion der Baumwollindustrie fließt in die Denim-Herstellung. Damit Jeans ihre	*Jeans*, die klassischen Arbeitshosen von einst, sind seit mehr als 30 Jahren das am meisten verkaufte Kleidungsstück. Ob Kinder  136 im Babyalter, Teenager oder Erwachsene, alle tragen diese Hosen. Daneben

Öffentlichkeit teilweise ablehnend auf Kinderläden und ihre Erziehungsmaßnahmen reagiert, ist diese Bewegung von großer Bedeutung für die zukünftige Kindererziehung. Im Verlauf der 70er Jahre treten neue Erziehungsziele in den Vordergrund: Selbstvertrauen, Kritikfähigkeit, Zufriedenheit und Durchsetzungsvermögen. Die Welt der Familien und die Rolle, die die einzelnen Mitglieder übernehmen, beginnt sich rasant zu verändern. Nach Preuss-Lausitz entstehen im Verlauf der 70er-90er Jahre unterschiedliche Kindheiten: *Innenraum-Kindheit*[124] Immer häufiger findet die Kindheit in geschlossenen Räumen statt. Kinder bewegen sich von einer (geplanten) Aktivität zur nächsten. Baacke spricht von *Erlebnisinseln.*[125]
Technisierte Kindheit [126] Immer selbstverständlicher wird Kindern der Umgang mit Telefon,

dazu meine Plateausandalen aus (fand ich). (...) Seltsam finde ich auch, dass wir so mit 7 oder 8, wenn es im Sommer heiß war, nur mit T-Shirt, Frotteehose und Sandalen bekleidet in die Schule gelatscht sind." (Laila West)[131]
"Und wenn die Jeans (...) Löcher hatte, dann kamen Bügelflicken drauf. Und da mein Bruder und ich abartig schnell wuchsen, mußten die Jeans verlängert werden. Also gab es bei Karstadt so Stoffe mit jeansfarbenen Mustern bzw.

ganz klar als Favorit aller Jahrzehnte seit Ende der 60er Jahre herausbildet ist die Jeans. Zunächst wird sie getragen, um eine Protesthaltung auszudrücken. Nach und nach etabliert sie sich zu einem Kleidungsstück, das von allen und zu allen Gelegenheiten getragen werden kann.
Kinder versuchen immer stärker bei der Wahl ihrer Kleidungsstücke mitzureden.

135

Die Tendenz, dass sich Alters- und Geschlechtszugehörigkeit durch Kleidung ausdrückt, nimmt ab. Kleidung entwickelt sich zu einem Gegenstand, der die Zugehörigkeit zu einer bestimmten Gruppe beschreiben soll. Kinder und Jugendliche beginnen ver-

klassische Farbe bekommen, werden sie mit synthetischen Indigofarbstoffen gefärbt. Die fertigen Jeans erhalten durch unterschiedliche Waschverfahren das gewünschte Aussehen, den typischen "Jeans-Look". Das bekannteste Verfahren ist das *stone-washed-Verfahren.* Daneben stehen alle möglichen anderen Verfahren. Je nach Mode sind sie mal "pre washed", dann "sand washed", "bleached",

sind Jacken, Hemden, Taschen, Kappen, Rucksäcke aus Jeansstoff auf dem Markt.
T-Shirt Neben

137

der Jeans entwickelt sich das T-Shirt zu einem zeitlosen Kleidungsstück. In den 60er Jahren wird es bestickt oder gebatikt getragen. Im Laufe der 80er wird das sog. Big-Shirt zu einem Modehit unter Teenagern.

Handy, Haushaltsgeräten oder Verkehr. Die Geräte übernehmen eine wichtige kommunikative und statusrelevante Bedeutung unter Kindern.  127 *Medienkindheit*[128] Ebenso wird der Umgang mit Fernseher, Videorecorder oder Computer, Teil des kindlichen Alltags. Sie machen so verstärkt Erfahrungen aus zweiter Hand, die Medien eröffnen aber auch Einblicke in die Welt. *Multikulturelle Kindheit*[129] Kinder wachsen in immer gemischteren kulturellen Gruppen heran. 1989 sind bereits 12% aller Schüler/innen nichtdeutscher Herkunft, dabei sind die bikulturell aufwachsenden Kinder nicht miteingerechnet. Daneben	Buchstaben JEANS (wie original), und die hat meine Ma dann mit der Maschine unten angenäht - und schon passte sie wieder. Überflüssig zu sagen, dass meine Eltern diese Jeans eigentlich völlig blöd fanden. Also, sonntags nie... Dann schon lieber Cordhosen, gab's ab 1976/77 auch schon in Blau und von Wrangler mit dem Lederschild auf der rechen Backe."[132] (Dreas) "Apropos enge Rollis. Ich hatte ein paar aus Trevira. Besonders modern war es, sie	stärkt, sich bei dem, was sie tragen wollen, an Popvorbildern wie Madonna oder Michael Jackson in den 80er Jahren, den Spice Girls oder Take That in den 90er Jahren zu orientieren und die vorgelebten Moden nach ihren Bedürfnissen zu variieren oder zu imitieren. Gleichzeitig werden ihre Vorlieben sehr genau von Designern beobachtet und Trends, die Jugendliche setzen oder hervorbringen, werden auch in die Mode der Erwachsenen übernommen. Daneben hat der sog. "Jugendlichkeitswahn" dazu beigetragen, dass Erwachsene verstärkt Anleihen an Jugendmoden nehmen, um selber jünger zu wirken. Größtenteils sind die Grenzen fließend, so dass es kaum wahrnehmbar ist, wo Kinder- und Jugendmode aufhört und Erwachsenenmode beginnt.	"stone-bleached", "soft-stone", "super-stone" Jeans stärker gefragt. *technische Textilien* Mit den Markennamen Goretex oder Sympatex erobern technische Textilien den Bekleidungsmarkt insbesondere den der Sport- und Freizeitbekleidung. Es handelt sich um dünne Gewebe oder Gewirke aus feinen synthetischen Fasern, die mit einer Kunststoffmembran verbunden sind. Sie garantieren Wind- und Was-	Dieses übergroße T-Shirt wird seitlich geknotet und so in Form gebracht. T-Shirts in allen Formen, Farben, mit Aufdruck oder ohne  138 sind aus der Kinder- und Teenagerkleidung nicht mehr wegzudenken.

werden auf Fahrten in das Ausland fremdkulturelle Erfahrungen gesammelt. Weitere Aspekte zu den unterschiedlichen Lebenswelten und Kindheiten heute werden im pädagogischen Begleittext von Kolhoff-Kahl angesprochen. Zusammenfassend gilt wohl: "Alle Kinder und Jugendlichen finden heute vermutlich mehr und vielfältigere Handlungsangebote vor als je zuvor. Aber ihr Leben ist auch stärker von gesellschaftlich zentralisierter Organisation durchzogen."[130]	unter Blusen mit weitem Kragen zu tragen."[133] (Laila West)		serdichte bei gleichzeitiger Durchlässigkeit von Wasserdampf - also Schweiss.	

Die Zeit des real existierenden Sozialismus 1949 - 1989				
Kindheitsvorstellung	**Berichte und Quellen zur Kinderkleidung**	**Mädchen- und Jungenkleidung**	**Materialien/ Farben/ Muster**	**Besonderheiten**
Seit Gründung der DDR 1949 wird in ein einheitliches sozialistisches Bildungs- und Erziehungssystem investiert, das für Betreuung und Erziehung außerhalb der Familie sorgt. Einerseits, um es Müttern zu ermöglichen, erwerbstätig zu sein. Andererseits, um die Herausbildung einer "allseitig entwickelten sozialistischen Persönlichkeit" und "Förderung der sozialistischen Lebensweise"[139] im Sinne des  140	Die "Wochenpost", eine beliebte Zeitung in der DDR gibt 1960 Kleidungstipps zur →*Jugendweihe*: "Was ziehen unsere Kinder an? Festlich gekleidet wollen und sollen die Jungen und Mädchen sein, dabei nicht >künstlich erwachsen<, sondern frisch, fröhlich und jugendlich sportlich wirken. (...) Für die Mädchen ist dieses Problem nicht ganz so schwer zu lösen wie für die Jungen. Kleindessi-	 144 Forschungsergebnisse über Kinderkleidung in der DDR sind knapp bemessen. Generell lässt sich sagen, die Jungen- und Mädchenkleidung entspricht in etwa der der Bundesrepublik, doch sind die Materialien andere und Westkleidung ist im Osten äußerst beliebt. Die Versorgung der Bevölkerung mit Textilien durch Konsum- oder HO-Geschäfte	Die chemischen Fasern kommen mit anderen Handelsnamen auf den Markt. Was man als Dralon oder Dolan in der BRD kennt, heißt in der DDR Wolpryla, Perlon heißt Dederon und Trevira und Diolen kennt man in der DDR als Grisuten.[148] Weitere sprach-	Die obligatorische Wehrerziehung an Schulen bringt es unweigerlich mit sich, dass Kinder und Jugendliche bereits ab der 9. Klasse Militärkleidung nicht als modische Stilrichtung  150 kennen lernen und tragen, sondern in ihrer un-

Leitgedanken der Staats- und Parteiführung der DDR zu gewährleisten. Mitte der 80er Jahre besuchen zwei Drittel der Kinder bis zu drei Jahren eine Kinderkrippe, mehr als 90% der Drei- bis Fünfjährigen haben einen Kindergartenplatz. Eng mit dem Schulbesuch verbunden, ist die Mitgliedschaft in einer Kinder- oder Jugendorganisation. Etwa 95% aller Schüler/ innen sind Mitglied bei den Jungen Pionieren, ab dem 14. Lebensjahr bei der FDJ.[141] Die Mitgliedschaft ist freiwillig, doch meist Voraussetzung für den Besuch der zum Abitur führenden Erweiterten Oberschule und zum Studium. Das Leben der Kinder und Jugendlichen ist straff organisiert. Viele bekommen in der Organisation Ämter verliehen, die die Wertschätzung ihrer Mitarbeit belegen und ihre	nierte Kunstseiden- oder Baumwollgewebe in zarter Farbigkeit sind im Handel zu finden und lassen sich leicht zu hübschen Kleidern und Jäckchenkleidern verarbeiten. Das Angebot an Fertigkleidern ist leider unterschiedlich, aber man findet leichter das Richtige für Mädchen als für Jungen. (...) Für meinen Sohn habe ich mich zum Beispiel für eine Kombination - schmale einfarbige Hosen, dazu ein farblich abgestimmtes Jackett in einem dezenten Streifen- oder Karodessin – entschlossen."[143]	ist ein Problem des DDR-Handels. Insbesondere im ländlichen Raum bleiben die Menschen häufig unterversorgt. Man möchte dem "westlichen Konsumterror" ein sozialistisches Modebewusstsein entgegensetzen, d.h., "Der moralische Verschleiß der Mode sollte dem Materialverschleiß angepaßt werden." [145]  146 Mitte der 50er Jahre versucht man den starken Einfluss der Kirche auf die Jugend zu brechen. Damit dies gelingen kann, ruft die SED 1954 die Jugendweihe für die 14-Jährigen ins Leben. Als Ersatzritual für die katholische Firmung und evangelische Konfirmation wird sie schnell Bestandteil der Alltagskultur. Feierliche Kleidung, Geschenke und ein Familienfest sind Teil dieses Rituals. Jungpionier, Kinder der 1.-3. Klasse,	liche Unterscheidungen: Als Nicki wird zunächst ein einfaches T-Shirt bezeichnet. Ebenso werden Jeans bis in die 60er Jahre hinein Niethosen genannt, eine Genex-Hose ist die echte DDR-Jeans. Stonewashed Jeans kommen als Marmorjeans auf den Markt. Ganz einfache Sandalen, die im Westen als Jesuslatschen bekannt sind, werden im Osten als Römersandale bzw. -	mittelbaren Funktion. Das westdeutsche Verbot der FDJ bringt es mit sich, dass das Tragen eines sog. Blauhemdes, das blaue FDJ-Hemd, oder eines FDJ-Emblems auf dem Terrain der BRD verboten ist, da es sich bei beiden um ein verfassungsfeindliches Symbol handelt.  151

Wichtigkeit betonen. Dies steht häufig in einem strengen Kontrast zu der Rolle der Kinder im Familienalltag: "In der Schule bin ich für die Schule verantwortlich, und wer ist das, na? na? richtig, der Freundschaftsratsvorsitzende. Zu Hause sieht das schon anders aus, da muß ich nur abwaschen und einkaufen..."[142]		 [147] tragen ein blaues Halstuch, Thälmannpioniere, Kinder der 4.-7.Klasse, tragen ein rotes Halstuch.	latsche bezeichnet, Tramper sind nicht Anhalter, sondern halbhohe Wildlederschuhe, Gurken sind Schuhe aus DDR Produktion.[149]	

[1] Arnold: Kind und Gesellschaft in Mittelalter und Renaissance. In: Meinberg (Hg.): Kindheit – interdisziplinär betrachtet, Köln 1984, 50
[2] Arnold: Kind und Gesellschaft in Mittelalter und Renaissance, Beiträge und Texte zur Geschichte der Kindheit, Paderborn 1980, 85f.
[3] *Der hl. Laurentius teilt Almosen an die Armen aus* (Ausschnitt). In: Morante: Das Gesamtwerk von Fra Angelico, Luzern 1970, Tafel LVII
[4] *Die heilige Sippe* (Ausschnitt). In: Pächt: Altniederländische Malerei, München 1994, 213
[5] *Virgin and Child with Saints and Donors ca. 1470* (Ausschnitt). In: Payne: The history of costume, New York 1992, 253
[6] *Madonna and Child with Saints ca. 1495* (Ausschnitt). In: Payne: The history of costume, New York 1992, 250
[7] Beuys: Familienleben in Deutschland, Hamburg 1980, 214
[8] Rabe: Die Entdeckung der Kindheit. In: Meinberg (Hg.): Kindheit – interdisziplinär betrachtet, Köln 1984, 55
[9] Arnold: Kindheit im europäischen Mittelalter. In: Martin/Nitschke (Hg.): Zur Sozialgeschichte der Kindheit, München 1986, 456f.
[10] *Prinz Edward, 1538.* In: Weber-Kellermann: Die Kindheit, Frankfurt a.M. 1997, 30
[11] *Bildnis des Prinzen Christian.* In: Thiel: Geschichte der Mode, Augsburg 1990, 203, Abb. 358
[12] Tietzel: Kinderkleidung und Kindermode, In: Textilarbeit + Unterricht, Heft 1/1984, 50
[13] *Bildnis der Prinzessin Marie.* In: Thiel: Geschichte der Mode, Augsburg 1990, 203, Abb. 359
[14] *Königin führt ihren kleinen Sohn am Gängelband, 1610.* In: Weber-Kellermann: Die Kindheit, Frankfurt a.M. 1997, 34
[15] Gélis: Die Individualisierung der Kindheit. In: Ariès/Chartier (Hg.): Geschichte des privaten Lebens Band 3, Frankfurt 1991, 325
[16] Locke: Gedanken über Erziehung, Stuttgart 1980, 35
[17] Beuys: Familienleben in Deutschland, Hamburg 1980, 297f.
[18] Badisches Landesmuseum Karlsruhe (Hg.): Barock in Baden-Württemberg, Band 2, Aufsätze, Karlsruhe 1981, 349
[19] Badisches Landesmuseum Karlsruhe (Hg.): Barock in Baden-Württemberg, Band 2, Aufsätze, Karlsruhe 1981, 349
[20] Moser-Rath: Dem Kirchenvolk die Levithen gelesen. Alltag im Spiegel süddeutscher Barockpredigten, Stuttgart 1991, 265f.
[21] Zander-Seidel: Textiler Hausrat: Kleidung und Haustextilien in Nürnberg von 1500 – 1650, München, 1990. S. 250
[22] Locke: Gedanken über Erziehung. Stuttgart, 1980. S.16
[23] *Prinzessin Wilhelmine im Alter von drei Jahren, 1711/1712.* In: Pangels: Königskinder im Rokoko. München 1976, Abb. 6
[24] Locke: Gedanken über Erziehung, Stuttgart 1980, 36
[25] Zander-Seidel: Textiler Hausrat: Kleidung und Haustextilien in Nürnberg von 1500 – 1650, München 1990, 256
[26] Pangels: Königskinder im Rokoko, München 1976, 51
[27] *Prinz Wilhelm von Oranien und seine Braut Mary, 1641.* In: Lehnert: Mode, Köln 1998, 66
[28] *Bildnis einer höfischen Familie, um 1680.* In: Thiel: Geschichte der Mode, Augsburg 1990, 237, Abb. 416
[29] *Prinz James Francis Edward Stuart und Prinzessin Louisa Maria Theresa Stuart (Ausschnitt).* In: Kybalova: Das große Lexikon der Mode, Gütersloh 1966, 209, Abb. 299
[30] Beuys: Familienleben in Deutschland, Hamburg 1980, 300f.
[31] Weber-Kellermann: Der Kinder neue Kleider, Frankfurt a.M. 1985, 36
[32] Weber-Kellermann: Der Kinder neue Kleider, Frankfurt a.M. 1985, 31f.
[33] *Die Angersteinkinder, 1807* (Ausschnitt). In: Gersdorff: Kinderbildnisse aus vier Jahrtausenden, Berlin 1989, 71
[34] *Knabe in Hose à la matelot.* In: Thiel: Geschichte der Mode, Augsburg 1990, 266, Abb. 471
[35] *Der Maler Isabey und seine Tochter, 1795* (Ausschnitt): In: Boehn: Die Mode, Band 2, München 1982, 121, Abb. 44
[36] *Marie Caroline Bonaparte, Königin von Neapel, mit ihrer Tochter,* 1807 (Ausschnitt). In: Thiel: Geschichte der Mode, Augsburg 1990, 295, Abb. 526

[37] *Mutter und Tochter nach neuester englischer Mode, 1803 (Ausschnitt).* In: Weber-Kellermann: Der Kinder neue Kleider, Frankfurt a.M. 1985, 34
[38] *Kinderkleidung nach orientalischer Mode, 1803* (Ausschnitt). In: Weber-Kellermann: Der Kinder neue Kleider, Frankfurt a.M. 1985, 31
[39] Hardach-Pinke: Zwischen Angst und Liebe. Die Mutter-Kind-Beziehung seit dem 18. Jahrhundert, In: Martin/Nitschke (Hg.): Zur Sozialgeschichte der Kindheit, München 1986, 525-590, 562
[40] Kleine Schriften des Historischen Museums Frankfurt Band 22: Spielen und Lernen. Spielzeug und Kinderleben in Frankfurt 1750-1930 Frankfurt 1984, 29ff
[41] vgl. Blankertz: Die Geschichte der Pädagogik. Von der Aufklärung bis zur Gegenwart, Wetzlar 1982, 107f
[42] vgl. Beuys: Familienleben in Deutschland, Hamburg 1980, 365f
[43] Klug: Mehr als nur freie Zeit. Holz und die Künste des Schnitzens, des Drechselns, der Bauern- und der Brandmalerei, Stuttgart 1995
[44] Beuys: Familienleben in Deutschland, Hamburg 1980, 369
[45] *Modisch gekleidete Knaben, 1853* (Ausschnitt). In: Kleine Schriften des Historischen Museums Frankfurt Band 22: Spielen und Lernen. Spielzeug und Kinderleben in Frankfurt 1750-1930, Frankfurt a.M. 1984, 148
[46] Kleine Schriften des Historischen Museums Frankfurt Band 22: Spielen und Lernen. Spielzeug und Kinderleben in Frankfurt 1750-1930, Frankfurt a.M 1984, 149
[47] Kleine Schriften des Historischen Museums Frankfurt Band 22: Spielen und Lernen. Spielzeug und Kinderleben in Frankfurt 1750-1930, Frankfurt a.M. 1984, 149
[48] Rutschky: Deutsche Kinderchronik, Köln 1983, 63
[49] vgl. Hülsenbeck: Kindheit und Kinderkleidung. In: Textilarbeit + Unterricht, Heft 3/1981, 110
[50] *Bildnis dreier Kinder, 1841.* In: Thiel: Geschichte der Mode, Augsburg 1990, 330, Abb. 592
[51] *Zwei Kinder der Familie Pfaff um 1844.* In: Hinkel: Kinderbildnisse, Köln 1988, 41, Abb. 13
[52] *Paul, Maria und Filomena, 1840* (Ausschnitt). In: Gersdorff: Kinderbildnisse aus vier Jahrtausenden, Berlin 1989, 74, Abb. 69
[53] *Nach der Schule, 1841* (Ausschnitt). In: Gersdorff: Kinderbildnisse aus vier Jahrtausenden, Berlin 1989, 140, Abb. 146
[54] Kleine Schriften des Historischen Museums Frankfurt Band 22: Spielen und Lernen. Spielzeug und Kinderleben in Frankfurt 1750-1930, Frankfurt a.M. 1984, 31
[55] Kleine Schriften des Historischen Museums Frankfurt Band 22: Spielen und Lernen. Spielzeug und Kinderleben in Frankfurt 1750-1930, Frankfurt a.M. 1984, 62
[56] *Küferwerkstatt, um 1840.* In: Kleine Schriften des Historischen Museums Frankfurt Band 22: Spielen und Lernen. Spielzeug und Kinderleben in Frankfurt 1750-1930, Frankfurt 1984, 90
[57] vgl. Blankertz: Die Geschichte der Pädagogik. Von der Aufklärung bis zur Gegenwart, Wetzlar 1982, 159
[58] Jeismann/Lundgreen (Hg.): Handbuch der deutschen Bildungsgeschichte. Band III 1800-1870, München 1987
[59] Weber-Kellermann: Der Kinder neue Kleider, Frankfurt a.M. 1985, 67
[60] Weber-Kellermann: Der Kinder neue Kleider, Frankfurt a.M. 1985, 70
[61] *Die neue Krinoline von 1860.* In: Weber-Kellermann: Die Kindheit, Frankfurt a.M. 1997, 116, Abb. 181
[62] Scholderer *Knabenbildnis, um 1850.* In: Weber-Kellermann: Die Kindheit, Frankfurt a.M 1997, 116, Abb. 172
[63] *Bademoden, 1870.* In: Thiel: Geschichte der Mode, Augsburg 1990, 352, Abb. 634
[64] Rutschky (Hg.): Schwarze Pädagogik: Quellen zur Naturgeschichte der bürgerlichen Erziehung, Frankfurt 1977, 128
[65] Budde: Auf dem Weg ins Bürgerleben, Göttingen 1993, 193
[66] Berg: Familie, Kindheit Jugend. In: Dies. (Hg.): Handbuch der deutschen Bildungsgeschichte. Bd. IV, 1870-1918, München 1991, 112
[67] Berg: Familie, Kindheit Jugend. In: Dies. (Hg.): Handbuch der deutschen Bildungsgeschichte. Bd. IV, 1870-1918, München 1991, 112
[68] Kleine Schriften des Historischen Museums Frankfurt Band 22: Spielen und Lernen. Spielzeug und Kinderleben in Frankfurt 1750-1930, Frankfurt 1984, 159
[69] Pörtner (Hg.): Kindheit im Kaiserreich, München 1989, 129
[70] Klaus Mann: Der Wendepunkt, Hamburg 1984, 29

[71] *Familie von Elbe.* In: Pörtner (Hg.): Kindheit im Kaiserreich, München 1989, 159
[72] *Mit den Mädchen vor der Stadt, 1883.* In: Braun-Ronsdorf: Modische Eleganz. Europäische Kostümgeschichte von 1789 bis 1929, München 1963, 150, Abb. 252
[73] *Kleidchen mit gesmokten Passen, 1908.* In: Weber-Kellermann: Der Kinder neue Kleider, Frankfurt a.M 1985, 124
[74] *Der kleine Lord.* In: Olsthoorn-Roosen: Kinderkleidung, De Bilt 1992, 16, Abb.16
[75] *Familie Oberth.* In: Pörtner (Hg.): Kindheit im Kaiserreich, München 1989, 59
[76] Weber-Kellermann: Der Kinder neue Kleider, Frankfurt a.M 1985, 81
[77] *Ländliche Armenhauskinder, 1913.* In: Weber-Kellermann: Die Kindheit, Frankfurt a.M 1997, 178, Abb. 273
[78] *Arbeiterkinder im Sonntagsstaat, um 1890.* In: Weber-Kellermann: Der Kinder neue Kleider, Frankfurt a.M 1985, 99
[79] *4 Geschwister in gemischter Matrosenkleidung, 1912.* Weber-Kellermann: Die Kindheit, Frankfurt a.M 1997, 128, Abb. 196
[80] *Turnanzüge für Mädchen und Knaben, 1905.* In: Thiel: Geschichte der Mode, Augsburg 1990, 379, Abb. 682
[81] *Schottische Mode, 1906.* In: Weber-Kellermann: Der Kinder neue Kleider, Frankfurt a.M 1985, 126
[82] *Die Not in den Großstädten* Neue Gesellschaft für bildende Kunst und staatliche Kunsthalle Berlin: Die gesellschaftliche Wirklichkeit der Kinder in der bildenden Kunst, Berlin 1979, 173
[83] Kleine Schriften des Historischen Museums Frankfurt Band 22: Spielen und Lernen. Spielzeug und Kinderleben in Frankfurt 1750-1930, Frankfurt 1984, 160
[84] Neue Gesellschaft für bildende Kunst und staatliche Kunsthalle Berlin: Die gesellschaftliche Wirklichkeit der Kinder in der bildenden Kunst, Berlin 1979, 174
[85] *Eine Straßenspielgemeinschaft, 1925.* In: Weber-Kellermann: Der Kinder neue Kleider, Frankfurt a.M 1985, 165
[86] *Mit Bubikopf und tiefer Taille, 1928.* In: Weber-Kellermann: Der Kinder neue Kleider, Frankfurt a.M 1985, 167
[87] *Endlich ein Schulkind, 1921* (Ausschnitt). In: Weber-Kellermann: Der Kinder neue Kleider, Frankfurt a.M 1985, 172
[88] *Geschwister, 1921.* In: Weber-Kellermann: Die Familie, Frankfurt 1996, 249, Abb. 285
[89] *Kinder in Strickkleidung, 1934.* In: Ross: What we wore. Starting history, Hove 1991, 5
[90] *Im Turndress, 1924.* In: Weber-Kellermann: Der Kinder neue Kleider, Frankfurt a.M 1985, 191
[91] Neue Gesellschaft für bildende Kunst und staatliche Kunsthalle Berlin: Die gesellschaftliche Wirklichkeit der Kinder in der bildenden Kunst, Berlin 1979, 273f
[92] *Zwei Angehörige der Hitlerjugend (HJ).* In: Hug (Hg.): Geschichtliche Weltkunde. Band 3, Frankfurt a.M 1976, 110
[93] *Eine marschierende Gruppe des Bundes deutscher Mädel (BDM).* In Hug (Hg.): Geschichtliche Weltkunde, Band 3, Frankfurt a.M 1976, 110
[94] Beuys: Familienleben in Deutschland, Hamburg 1980, 476
[95] Münchner Stadtmuseum (Hg.): Vater Mutter Kind. Zeugnisse aus zwei Jahrhunderten, München 1987, 353
[96] *Tafelaufschrift: Der Jude ist unser größter Feind! Hütet euch vor den Juden.* In: Ginzel: Jüdischer Alltag in Deutschland 1933 – 1945, Düsseldorf 1993, 83
[97] *Brief an die Mutter aus dem Konzentrationslager Auschwitz, von der Lagerleitung vorgeschrieben, 1940* Münchner Stadtmuseum (Hg.): Vater Mutter Kind. Zeugnisse aus zwei Jahrhunderten, München 1987, 361
[98] Weber-Kellermann: Der Kinder neue Kleider, Frankfurt a.M 1985, 201
[99] Wolf: Kindheitsmuster, Darmstadt 1977, 206
[100] Zywulska: Wo vorher Birken standen. Überlebensbericht einer jungen Frau aus Auschwitz-Birkenau, München 1979, 17ff.
[101] *Kindergeburtstag, 1940* Münchner Stadtmuseum (Hg.): Vater Mutter Kind. Zeugnisse aus zwei Jahrhunderten, München 1987, 256
[102] Weber-Kellermann: Der Kinder neue Kleider, Frankfurt a.M 1985, 196
[103] *Die Bundestracht des Jungmädels.* In: Weber-Kellermann: Der Kinder neue Kleider, Frankfurt 1985, 205
[104] *Hitlerjugend, 1938.* In: Weber-Kellermann: Der Kinder neue Kleider, Frankfurt a.M 1985, 197

[105] *Abtransport ins Vernichtungslager, um 1940.* In: Münchner Stadtmuseum (Hg.): Vater Mutter Kind. Zeugnisse aus zwei Jahrhunderten, München 1987, 360
[106] *Jüdische Kinder in Ausschwitz.* In: Münchner Stadtmuseum (Hg.): Vater Mutter Kind. Zeugnisse aus zwei Jahrhunderten, München 1987, 358
[107] Weber-Kellermann: Der Kinder neue Kleider, Frankfurt a.M 1985, 204
[108] Weber-Kellermann: Der Kinder neue Kleider, Frankfurt a.M 1985, 205f.
[109] vgl. Vogelsaenger: Literatur-Kartei zum Jugendbuch: "Damals war es Friedrich", Mühlheim 1993, 71
[110] *Trümmerkind.* Rolff.: Kindheit im Wandel. Eine Einführung in die Sozialisation im Kinderalter, Weinheim 1985, 55
[111] Foitzik: Vom Trümmerkind zum Teenager. Kindheit und Jugend in der Nachkriegszeit, Bremen 1992, 16
[112] vgl. Preuss-Lausitz u.a.: Kriegskinder, Konsumkinder, Krisenkinder, Weinheim 1995, 22
[113] Führ/Furck (Hg.): Handbuch der deutschen Bildungsgeschichte. Band VI 1945 bis zur Gegenwart. Erster Teilband Bundesrepublik Deutschland, München 1998, 185
[114] Weber-Kellermann: Der Kinder neue Kleider, Frankfurt a.M 1985, 242
[115]Weber-Kellermann: Der Kinder neue Kleider, Frankfurt a.M 1985, 243
[116] Doutiné u.a.: Ein Mädchenbuch auch für Jungen, Hamburg 1975, 63f.
[117] *Nachkriegskinder.* Foitzik: Vom Trümmerkind zum Teenager. Kindheit und Jugend in der Nachkriegszeit, Bremen 1992, 106
[118] *Mädchen 50er Jahre.* privat
[119] *Berliner Junge in Lederhosen, 1957.* Weber-Kellermann: Der Kinder neue Kleider, Frankfurt a.M 1985, 239
[120] *Ein Teenager in den 50ern.* Tucker/Kingswell: Mode, München 2000, 63
[121] *Hamburger Kinderhort, 1954.* Weber-Kellermann: Die Kindheit, Frankfurt a.M 1997, 239, Abb. 375
[122] *Petticoat.* In: Gundlach: Fashion Photography 1950 - 1975, Köln 1993, 34
[123] *Antiautoritärer Kindergarten, 1972.* In: Burguière u.a. (Hg.): Die Geschichte der Familie. 20. Jahrhundert, Frankfurt a.M 1998, 244
[124] vgl. Preuss-Lausitz: Die Kinder des Jahrhunderts. Zur Pädagogik der Vielfalt im Jahr 2000, Weinheim 1993, 44f.
[125] vgl. Baacke: Die 6-12jährigen. Einführung in die Probleme des Kindesalters, Weinheim 1998, 133
[126] vgl. Preuss-Lausitz: Die Kinder des Jahrhunderts. Zur Pädagogik der Vielfalt im Jahr 2000, Weinheim 1993, 47f.
[127] *Computerkind.* In: Burguière u.a. (Hg.): Die Geschichte der Familie. 20. Jahrhundert, Frankfurt 1998, 271
[128] vgl. Preuss-Lausitz: Die Kinder des Jahrhunderts. Zur Pädagogik der Vielfalt im Jahr 2000, Weinheim 1993, 48f.
[129] vgl. Preuss-Lausitz: Die Kinder des Jahrhunderts. Zur Pädagogik der Vielfalt im Jahr 2000, Weinheim 1993, 49f.
[130] Preuss-Lausitz u.a.: Kriegskinder, Konsumkinder, Krisenkinder, Weinheim 1995, 23
[131] Ankowitsch (Hg.): Alles Bonanza. Ein Album der 70er Jahre - zusammengetragen von Surfern im Internet, Köln 2000, 32
[132] Ankowitsch (Hg.): Alles Bonanza. Ein Album der 70er Jahre - zusammengetragen von Surfern im Internet, Köln 2000, 34
[133] Ankowitsch (Hg.): Alles Bonanza. Ein Album der 70er Jahre - zusammengetragen von Surfern im Internet, Köln 2000, 32
[134] *Schulklasse in Jeans.* privat
[135] *Schluklasse 2002.* privat
[136] *Kleinstkind in Jeans.* privat
[137] *Kind in T-Shirt.* privat
[138] *Poison Club Girlie Düsseldorf.* In: Kunstforum: Die Oberflächlichen Hüllen des Seins, Band 141 Juli - September 1998, 73
[139] Hengst (Hg.): Kindheit in Europa. Zwischen Spielplatz und Computer, Frankfurt 1985, 225
[140] *FDJ-Plakat.* In: Mähler/Stephan: Blaue Hemden - Rote Fahnen. Die Geschichte der Freien Deutschen Jugend, Opladen 1996, 113
[141] Büchner/Krüger (Hg.): Aufwachsen hüben und drüben, Opladen 1991, 25
[142] Hengst (Hg.): Kindheit in Europa. Zwischen Spielplatz und Computer, Frankfurt 1985, 227

[143] Mähler/Stephan: Blaue Hemden - Rote Fahnen. Die Geschichte der Freien Deutschen Jugend, Opladen 1996, 129

[144] *DDR Schulkinder.* In: Windmöller/Höpker: Leben in der DDR, München 1980, 105

[145] Neue Gesellschaft für bildende Kunst (Hg.): Wunderwirtschaft. DDR-Konsumkultur in den 60er Jahren, Köln 1996, 134

[146] *Mutter und Töchter anlässlich der Jugendweihe, um 1970.* In: Neue Gesellschaft für bildende Kunst (Hg.): Wunderwirtschaft. DDR-Konsumkultur in den 60er Jahren, Köln 1996, 150

[147] *Einzug Dresdner Pioniere, 1987.* In: Hölder (Hg.): Im Trabi durch die Zeit - 40 Jahre Leben in der DDR, Wiesbaden 1992, 74

[148] vgl.: Kosak/Kuntzsch/Laatz-Krumnow: Jugendlexikon Kleidung und Mode, Leipzig 1988, 163f

[149]. vgl.: Kosak/Kuntzsch/Laatz-Krumnow: Jugendlexikon Kleidung und Mode, Leipzig 1988, siehe das jeweilige Stichwort

[150] *DDR Schüler bei einer Wehrübung.* Mähler/Stephan: Blaue Hemden - Rote Fahnen. Die Geschichte der Freien Deutschen Jugend, Opladen 1996, 223

[151] *Junge in FDJ-Hemd.* In: Mähler/Stephan: Blaue Hemden - Rote Fahnen. Die Geschichte der Freien Deutschen Jugend, Opladen 1996, 163

5. Literaturverzeichnis

Akte Anderswo

Lütkes,C., Klüter, M.: Der Blick auf fremde Kulturen – Ein Plädoyer für völkerkundliche Themen im Unterricht, Münster, New York 1995

Müller, Klaus E., Treml, Alfred K. (Hg.): Ethnopädagogik, Berlin 1996

Nationale Kommission für das internationale Jahr des Kindes (Hg.): Die Dritte Welt in Schule und Jugendarbeit, Frankfurt a.M. 1980

Thiemer-Sachse, U.: Traditionelle Volkskultur. in: Dibie, Wulf (Hg.): Vom Verstehen des Nichtverstehens – Ethnosoziologie interkultureller Begegnungen, Frankfurt, New York 1999, 655-683

Hilscher, G.: Polyglott Land und Leute Japan, München 1998

Koren, L.: New Fashion Japan, Tokyo 1984

Spry-Leverton, P., Kornicki, P.: Japan. vgs, Köln 1989

Bertels, U.: Das Fliegerspiel in Mexiko. Historische Entwicklung und gegenwärtige Erscheinungsformen, Ethnologische Studien Bd. 4, Münster 1993

Briesemeister, Zimmermann (Hg.): Mexiko heute – Politik Wirtschaft Kultur, Frankfurt 1992

Huse, B.: Der Einfluß des Tourismus auf das Textilhandwerk der Chamula in Mexiko, Bonn 1994

National Geographic: Mexico a special issue. Vol. 190, No. 2 August 1996

Pothmann, M.: ? Quién sabe...? Die traditionelle Kleidung der Amzugos im Wandel zum mexikanischen Souvenir, Bonn 1992

Sayer, C.: Mexican Textiles. British Museum Publications, London 1990

Halbinsel Yucatan Mexiko. Photographiert von Michael Friedel, Text von Marion Friedel, München 1999

Bovenschen, S. (Hg.): Die Listen der Mode, Frankfurt a.M. 1986

Buxbaum, G.: Die Hüte der Adele List, München 1995

Loschek, I.: Verführung und Notwendigkeit, München 1991

McDowell, C.: Hats – Status, Style and Glamour, London 1992

Polhemus, T.: Streetstyle, London 1994

Seeling, C.: Mode, Das Jahrhundert der Designer, Köln 1999

Akte ... auch haben wollen ... Aber was?

Braun-Ronsdorf, M.: Modische Eleganz. Europäische Kostümgeschichte von 1789 bis 1929, München 1963

Cunnington, P., Lucas, C.: Charity Costumes, London 1978

Defersdorf, R.: Alte Kinderspiele – neu entdeckt. In: Spielen und Lernen, Seelze 1996, Heft 10, 40f.

Fricke-Finelnburg, R. (Hg.): Wie Kinder früher lebten, Lesehefte Welt- und Umweltkunde – Neue Folge, Stuttgart 1994

Hardach-Pinke, I.: Kinderalltag. Aspekte von Kontinuität und Wandel der Kindheit in autobiographischen Zeugnissen 1700-1900, Frankfurt a.M. 1981

Kuhn, R., Kreutz, B.: Der Matrosenanzug. Kulturgeschichte eines Kleidungsstücks, Harenberg, Dortmund, 1989

Mooser, J.: Arbeiterleben in Deutschland 1900-1970. Klassenlage, Kultur und Politik, Frankfurt a.M. 1984

Münchner Stadtmuseum (Hg.): Vater Mutter Kind. Zeugnisse aus zwei Jahrhunderten, München 1987

Ungermann, S.: Kindheit und Schulzeit von 1750-1850: eine vergleichende Analyse ausgewählter Autobiographien von Bauern, Bürgern und Aristokraten, Frankfurt a. M. 1997

Weber-Kellermann, I.: Der Kinder neue Kleider. Zweihundert Jahre deutsche Kindermode, Frankfurt a.M. 1985

ebenda: Die Kinderstube, Frankfurt a.M. 1991

Weber-Kellermann, I., Falkenberg, R. (Hg.): Was wir gespielt haben, Frankfurt a.M. 1992

ebenda: Die Familie. Frankfurt a.M. 1996

ebenda: Die Kindheit. Frankfurt a.M. 1997

Zander-Seidel, J.: Textiler Hausrat. Kleidung und Haustextilien in Nürnberg von 1500-1650, München 1990

Arche Literaturkalender 1986, Zürich 1985

Akte Prinzessinnen und Prinzen

Beltzig, G.: Kinderspielplätze: mit hohem Spielwert – planen, bauen, erhalten, Berlin 1987

Biehn, H.: Feste und Feiern im alten Europa, München o. J.

Boehn, M. von: Die Mode. Band 1 und 2, München 1982

Braun-Ronsdorf, M.: Modische Eleganz. Europäische Kostümgeschichte von 1789 bis 1929, München 1963

dtv-Lexikon in 20 Bänden, München 1992

Ewing, E.: History of children's costume, London 1977

Hinkel, H.: Kinderbildnisse. Ausgewählte Kunstwerke vom Mittelalter bis zur Gegenwart, Köln 1988

Hülsenbeck, A.: Kindheit und Kinderkleidung. In: Textilarbeit+Unterricht, 3/1981, 99ff.

Kudrnofsky, W.: Mode-Brevier oder von der Kunst zu scheinen wie man sein möchte, Wien 1970

Kybalová, L.: Das große Bilderlexikon der Mode, Dresden 1980

Locke, J.: Gedanken über Erziehung, Stuttgart 1983

Loschek, I.: Reclams Mode- und Kostümlexikon, Stuttgart 1999

Olsthoorn-Roosen, M.: Kinderkleidung, Cantecleer, de Bilt 1992

Petrascheck-Heim, I.: Die Sprache der Kleidung. Wesen und Wandel von Tracht, Mode, Kostüm und Uniform, Baltmannsweiler 1988

Plessen, M.-L., Zahn, P. von: Zwei Jahrtausende Kindheit, Köln 1979

Praschl-Bichler G.: Alltag im Barock, Wien 1995

Poschardt, U.: Mode und Militär. In: Die oberflächlichen Hüllen des Selbst, Kunstforum International 141/1998, 138-143

Rose, C.: Children's Clothes since 1750, London 1989

Seeling, C.: Mode. Das Jahrhundert der Designer, Köln 1999

Thiel, E.: Geschichte der Mode. Von den Anfängen bis zur Gegenwart, Augsburg 1990

Weber-Kellermann, I.: Die Kindheit, Frankfurt a.M. 1997

Weber-Kellermann, I.: Der Kinder neue Kleider. Zweihundert Jahre deutsche Kindermode, Frankfurt a.M. 1985

Akte Kinder Kleider Farben

Beutl, P.: Fühl das Rot und sieh das Blau. Mit Kindern die Welt der Farben entdecken, Freiburg im Breisgau 1998

Bütow, W., Schütze, B.: Augenreise I. Ein Lese-Seh-Buch für Kinder von sieben Jahren an, Berlin 1992

Nixdorff, H., Müller, H.: Weiße Westen – rote Roben. Staatliche Museen Preußischer Kulturbesitz, Berlin 1983

Akte Zweite Haut

Bernhard, M. (Hg.): Schattenrisse. Silhouetten und Scherenschnitte in Deutschland im 18. und 19. Jahrhundert, München 1977

Biesalski, E.: Scherenschnitt und Schattenriß. Kleine Geschichte der Silhouettenkunst, München 1978

Hopf, A. & A.: Schattenbilder, München 1986

ebenda: Scherenschnitte, München 1989

Mentges, G.: Erziehung, Dressur und Anstand in der Sprache der Kinderkleidung, Frankfurt a. M. 1989

Ottenjann, H.: Lebensbilder aus dem ländlichen Biedermeier. Sonntagskleidung auf dem Lande, Cloppenburg 1984

Akte Spurensuche

Baacke, D., Schulze T.: Pädagogische Biographieforschung. Orientierung, Probleme, Beispiele, Weinheim und Basel 1985

Chi, I.: Eingetragen – Abgetragen. In: Die oberflächlichen Hüllen des Selbst. Kunstforum International 141/1998, 154-161

Dikow, J. (Hg.): Die Bedeutung biographischer Forschung für den Erzieher. Münstersche Gespräche zu Themen der wissenschaftlichen Pädagogik, Münster 1988

Gudjons, H., Pieper, M., Wagener, B.: Auf meinen Spuren. Das Entdecken der eigenen Lebensgeschichte. Vorschläge und Übungen für pädagogische Arbeit und Selbsterfahrung, Hamburg 1986

Lernhilfen für den Textilunterricht: Gruppenbild mit Schülern. (2.98)/ Poetische Malerei auf Samt. (2.90)/ Textile Frottagen. (2.9). Kallmeyer'-scheVerlagsbuchhandlung, Seelze-Velber

Mannzmann, A. (Hg.): Geschichte der Familie oder Familiengeschichten? Zur Bedeutung von Alltags- oder Jedermannsgeschichte, Königstein 1981

Pohl-Weber, R. (Hg.): Kinderkultur. Hefte des Focke Museums Nr. 73, Bremen 1987

„Kinder – Kleider" aus pädagogischer Perspektive

Ariès, P.: Geschichte der Kindheit, München 1975 (erschienen 1960)

Baacke, D.: Kinder und Kindheit im Wandel der Lebensformen, aus: Baacke, D.: Die 0-5jährigen, Weinheim und Basel 1999, S. 70-93

Bausinger, H.: Kultur für Kinder – Kultur der Kinder, in: Köstlin, K.: Kinderkultur, Bremen 1987, 11-18

Becher, J.: Zur Geschichte der Kindheit, in: Hane, H.: Kindheit in Köln, Köln 1989, 7-13

Bhabha, H.: Die Verortung der Kultur, Tübingen 2000

Blohm, M. (Hg.): Berührungen und Verflechtungen, Köln 2002

Blohm, M. (Hg.): Leerstellen, Perspektiven für ästhetisches Lernen in Schule und Hochschule, Köln 2000

Bovenschen, S. (Hg.): Listen der Mode, Frankfurt a.M. 1986

Bullivant, L.: Wechselfälle der Kindheit, in: Von Vegesack, A.; Oldiges, J., Bullivant, L. (Hg.): Kid Size, The material world of childhood, Vitra Design Museum (Katalog) 1997, 13-23

Duncker, L.: Begriff und Struktur äshtetischer Erfahrung zum Verständnis unterschiedlicher Formen ästhetischer Praxis, in: Neuß, N.: Ästhetik der Kinder, Frankfurt a.M. 1999, 9-20

El-Gebali-Rüter, T.: Textile Sachkultur erschließen, Baltmannsweiler 1999

Fatke, R.: Vom Sinn kindlichen Sammelns, in: Kinder-Zeit, 3/1991, 8-11

Geertz, C.: Kulturbegriff und Menschenbild, in: Habermas, R., Minkmar, N.: Das Schweigen des Häuptlings, Berlin 1992, 56-83

Gumin, H., Meier, H. (Hg.): Einführung in den Konstruktivismus, München 1985 (3.Auflage)

Habermas, R., Minkmar, N.: Das Schweigen des Häuptlings, Berlin 1992

Habermas, T.: Geliebte Objekte, Frankfurt a.M.1999

Hane, H.: Kindheit in Köln, Köln 1989

Hardach-Pinke, I., Hardach, G.: Kinderalltag, Reinbek bei Hamburg 1978

Helmhold, H.: Transkulturalität und Wohnform, in: Textilarbeit + Unterricht, 4/1992, 210-217

Herzog, M.: Interkulturelle Erziehung im Textilunterricht, Lernhilfen für den Textilunterricht, Nr. 1.5, Seelze-Velber 2/1990

Hingst, W., Mackwitz, H.: Reiz-Wäsche, Frankfurt a.M. 1996

Honnef, K.: Von der Identität zum Symbol, in: Murken, C. u.a. (Hg.): Kinder des 20. Jahrhunderts, Malerei, Skulptur, Fotografie, Wienand 2000 52-56

Kahl, I.: Barbie - eine Kinderwelt? Eine mode-orientiertes Spielzeug - fachdidaktisch analysiert, in: Textilarbeit + Unterricht, 4/1996, 211-219

Kahl, I.: Mode - wo Abweichung das Normale ist, in: Textilarbeit + Unterricht, Heft 3/1997, 139-148

Kämpf-Jansen, H.: Mädchenästhetik und Jungenästhetik, in: Die Grundschulzeitschrift, 40/1990, 4-10

Kemper, H.: „Das Kind wird nicht erst ein Mensch, es ist schon einer." (Janusz Korczak), in: Renner, E. (Hg.).: Kinderwelten, Pädagogische, ethnologische und literaturwissenschaftliche Annäherungen, Weinheim 1995, 13-25

Kolhoff-Kahl, I.: „Ich kann schon alleine!", Aspekte einer „konstruktivistischen" Fachdidaktik der Textilgestaltung, in: Textilarbeit + Unterricht, 4/1998, 175-184

Kolhoff-Kahl, I.: Auf Spurensuche – Grundschulkinder retten ihre Lieblingskleidung, in: Lernhilfen für den Textilunterricht, Nr. 2.212, Seelze-Velber 2/2001

Kolhoff-Kahl, I.: Fremdkulturelles Verstehen im Textilunterricht, in: ...textil... 3/2002, 1-10

Kolhoff-Kahl, I.: Gespannte Textilien, Baltmannsweiler 2001

Kolhoff-Kahl, I.: Infizieren – Ästhetische „Heilungs"-Prozesse, in: Blohm, M. (Hg.): Berührungen und Verflechtungen, Köln 2002, 213-230

Kolhoff-Kahl, I.: Komplexe Infekte statt dekorative Effekte, in: ...textil..., 3/2000, 118-133

Köller, I. (Hg.): Textilunterricht und Textile Sachkultur, Oldenburg 1999

Könnecker, M.-L.: Kinderschaukel I, Darmstadt 1976

Köstlin, K.: Kinderkultur, Bremen 1987

Maset, P.: Gegen die Zurichtung des Fremden mittels Kunstpädagogik, in: BDK-Mitteilungen, 4/2001, 2-4

Maturana, H., Varela, F.: Der Baum der Erkenntnis, Bern, München 1987

Meinen, M.: Das „pädagogische" Kleid, in: Textil & Unterricht, 1/2002, 14-16

Murken, A.: Vom Findelkind zum Medienstar, Die Entdeckung des Kindes durch die Wissenschaften, in: Murken, C. u.a. (Hg.): Kinder des 20. Jahrhunderts, Malerei, Skulptur, Fotografie, Wienand 2000, 57-68

Murken, C. u.a. (Hg.): Kinder des 20. Jahrhunderts, Malerei, Skulptur, Fotografie, Wienand 2000

Murken, C.: Das Kind in der Kunst als Spiegel gesellschaftlichen Wandels, in: Murken, C. u.a. (Hg.): Kinder des 20. Jahrhunderts, Malerei, Skulptur, Fotografie, Wienand 2000, 8-28

Neuß, N.: Ästhetik der Kinder, Frankfurt a.M. 1999

Oelkers, J.: Kinderbilder, Zur Geschichte eines Erziehungsmediums, in: Zeitschrift für Pädagogik, Heft 8/98, Jg. 44, 639-660

Piaget, J.: Biologie und Erkenntnis, Frankfurt a.M. 1974

Polhemus, T.: Streetstyle, London 1994

Poschardt, U.: Anpassen, Hamburg 1998

Purrucker, Barbara: Knaben in "Mädchenkleidern", in: Waffen- und Kostümkunde 1/1975, 71-89, 2/1975, 143-161

Rapp, E.: Die Mode und Werbung. In: Aschke, K. (Hg.): Kleider machen viele Leute, Reinbek 1989, 178-186

Renner, E. (Hg.).: Kinderwelten, Pädagogische, ethnologische und literaturwissenschaftliche Annäherungen, Weinheim 1995

Schaffner, I., Winzen, M. (Hg.): Deep Storage, Arsenale der Erinnerung, Sammeln, Speichern, Archivieren in der Kunst, München, New York 1998

Scheu, U.: Wir werden nicht als Mädchen geboren, wir werden dazu gemacht, Frankfurt am Main 1997

Schmoll, H.: Erwachsene Jugendliche, in: FAZ, 23.8.2002, 1

Schneede, U.: Christian Boltanski, Inventar, Hamburger Kunsthalle, Katalog, Hamburg 1991

Seel, M.: Die Kunst der Entzweiung, Frankfurt a.M. 1985

Selle, G., Boehe, J.: Leben mit den schönen Dingen, Hamburg 1986,

Spitzer, M.: Geist im Netz, Heidelberg, Berlin 2000

Van de Loo, M.-J., Reinhart, M.: Kinder – Ethnologische Forschungen in fünf Kontinenten, München 1993

Vinken, B.: Mode nach der Mode, Kleider und Geist am Ende des 20. Jahrhunderts, Frankfurt am Main 1993

Von Foerster, H.: Entdecken oder Erfinden – Wie läßt sich Verstehen verstehen?, in: Gumin, H., Meier, H. (Hg.): Einführung in den Konstruktivismus, München 1985 (3.Auflage)

Von Hentig, H.: Bildung, München 1996

Von Hentig, H.: Vorwort zu: Ariès, P.: Geschichte der Kindheit, München 1975 (erschienen 1960), 7-44

Von Vegesack, A.; Oldiges, J., Bullivant, L. (Hg.): Kid Size, The material world of childhood, Vitra Design Museum (Katalog) 1997, 129-139

Weber-Kellermann, I.: Der Kinder neue Kleider, Frankfurt a.M. 1985

Weber-Kellermann, I.: Die Kindheit, Frankfurt a.M. 1979

Weiss, F.: Menschen statt Kindermöbel, Die Iatmul in Papua-Neuguinea, in: Von Vegesack, A.; Oldiges, J., Bullivant, L. (Hg.): Kid Size, The material world of childhood, Vitra Design Museum (Katalog) 1997, 129-140

Weiss, F.: Von der Schwierigkeit über Kinder zu forschen, Die Iatmul in Papua-Neuguinea, in: Van de Loo, M.-J., Reinhart, M.: Kinder – Ethnologische Forschungen in fünf Kontinenten, München 1993, 97-153

Welsch, W.: Ästhetisches Denken, Stuttgart 1990

6. Abbildungsverzeichnis

Akte Anderswo

Abb. 1: Marie: Oilily Children's Wear & Jeans Summer 1999 Nr. 30, 49

Abb. 2: Weltkarte: Olliver, J.: Tessloffs Jugend Weltatlas, Hamburg 1989, 22

Abb. 3: Tokio: Spry-Leverton, P., Kornicki, P.: Japan, Köln, 1989, 110

Abb. 4: Mädchen in Schuluniform: Koren, L.: New Fashion Japan, Tokyo 1984, 17

Abb. 5: Junge in Schuluniform: Koren, L.: New Fashion Japan, Tokyo 1984, 16

Abb. 6: Kinder auf dem Schulweg: Spry-Leverton, P., Kornicki, P.: Japan, Köln 1989, 144

Abb. 7: Zwei Kinder: Olsthoorn-Roosen, M.: Kinderkleidung, de Bilt 1992, 85

Abb. 8: Brautleute: Spry-Leverton, P., Kornicki, P.: Japan, Köln, 1989, 155

Abb. 9: Mexikanischer Junge: Apa Guides: Mexiko-City, Stuttgart 1990, 157

Abb. 10: Emilios Cousin: Halbinsel Yucatan Mexiko. Photographiert von Michael Friedel, Text von Marion Friedel, München 1999, 38

Abb. 11: Fliegerspiel: ebenda

Abb. 12: Mädchen mit Hüten: Sayer, C.: Mexican textiles, London 1990, 155

Abb. 13: Toby mit Baseball-Kappe: Polhemus, T.: Streetstyle, London 1994, 88

Abb. 14: Frau mit Schiff (Foto): Seeling, C.: Mode. Das Jahrhundert der Designer, Köln 1999, 433

Abb. 15: Frau mit Schiff (Stich): Loschek, I.: Verführung und Notwendigkeit, München 1991, 162 (Abb. 62)

Abb. 16: Frau mit hoher Frisur: Bovenschen, S. (Hg.): Die Listen der Mode, Frankfurt a.M. 1986, 174

Abb. 17: Lakritzstangenhut: Buxbaum, G., McDowell, C.: Hats – Status, Style and Glamour, London 1992

Abb. 18: Frau mit Sofahut: Frankfurter Allgemeine Zeitung, 24.6.2000, Foto Reuters

Abb. 19: Frau mit Sesselhut: Loschek, I.: Verführung und Notwendigkeit, München 1991, 263

Abb. 20: Highway Hat: Joan Steiner, 1980. Schaffler Dale, J.: Kunstkleiderkunst, Berlin 1987, 312

Abb. 21: Fishing Boat Hat: Joan Steiner, 1980. Schaffler Dale, J.: Kunstkleiderkunst, Berlin 1987, 313

Akte Auch haben wollen... Aber was?

Abb. 1: Dorothea: Zander-Seidel, J.: Textiler Hausrat. Kleidung und Haustextilien in Nürnberg von 1500-1650, München 1990, 255 (Abb. 234)

Abb. 2: Unbekannter: Weber-Kellermann, I.: Die Kindheit, Frankfurt a. M. 1997, 14

Abb. 3: Anna: A Century of childhood, 24 S.

Abb. 4: Eduard: Münchner Stadtmuseum (Hg.): Vater Mutter Kind. Zeugnisse aus zwei Jahrhunderten, München 1987, 121

Abb. 5: Hedwig: Macdonald, F.: What we wear, London 1998, 7

Abb. 6: Hedwigs Wohnzimmer: Geist, J. F., Kürvers, K.: Das Berliner Mietshaus 1862-1945, München 1984, 65

Abb. 7: Hofdurchgang: ebenda, 481 (B33)

Abb. 8: Hinterhoffamilie: ebenda, 463

Abb. 9: Hedwig und Sophie: Münchner Stadtmuseum (Hg.): Vater Mutter Kind. Zeugnisse aus zwei Jahrhunderten, München 1987, 62

Abb. 10: Kaiser Wilhelm blau: Kuhn, R., Kreutz, B.: Der Matrosenanzug. Kulturgeschichte eines Kleidungsstücks, Dortmund 1989, 30

Abb. 11: Prinz von Wales: Kuhn, R./ Kreutz, B.: Der Matrosenanzug. Kulturgeschichte eines Kleidungsstücks, Dortmund 1989, 24

Abb. 12: niederländische Familie: Olsthoorn-Roosen, M.: Kinderkleidung, de Bilt 1992, 15, Abb.14

Abb. 13: Schulklasse: Arche Literaturkalender 1986, Arche Verlag AG, Raabe + Vitali, Zürich 1985, 15-21 Dezember

Akte Prinzessinnen und Prinzen

Abb. 1: Infantin Margarita: Hinkel, H.: Kinderbildnisse, Köln 1988, 23

Abb. 2: Prinz Baltasar Carlos: ebenda, 25

Abb. 3: Melanie: privat

Abb. 4: Emanuel: privat

Abb. 5: Die Hoffräulein: Raddatz, F. J. (Hg.): ZEIT-Museum der 100 Bilder, Frankfurt 1989, 362

Abb. 6: Popolster I: Kunst + Unterricht. Mode, Heft 241/April 2000, 23

Abb. 7: Popolster II: Kunst + Unterricht. Mode. Heft 241/April 2000, 23

Abb. 8: Humpelkleid: Seeling, C.: Mode. Das Jahrhundert der Designer, Köln 1999, 604

Abb. 9: moderner Reifrock: Seeling, C.: Mode. Das Jahrhundert der Designer, Köln 1999, 430

Abb. 10: Ballsaal: Praschl-Bichler, G.: Alltag im Barock, Wien 1995, 123

Abb. 11: Henry, Charles, Elizabeth: Ewing, E.: History of children's costume, London 1977, 30, Abb. 15

Abb. 12: Landgraf und Familie: Weber-Kellermann, I.: Die Kindheit, Frankfurt a.M. 1997, 29, Abb. 26

Abb. 13: Prinzessin mit Pferd: Das goldene Blatt, Bergisch-Gladbach, Heft 24, 13

Abb. 14: Prinz William: ebenda, 12

Abb. 15: Prinzessin im Abendkleid: ebenda, 13

Akte Kinder Kleider Farben

Abb. 1: Eishockeyspieler: Rheinische Post, Düsseldorfer Sport, Nr. 130, 06.06.2000

Abb. 2: Kommunion: privat

Abb. 3: Simon: privat

Abb.4: Ausflug: privat

Akte Zweite Haut

Abb. 1: Kinder auf dem Klettergerüst: Beltzig, G.: Kinderspielplätze, Berlin 1987, 47

Abb. 2: Richard von Aphex Twin: Polhemus, T.: Streetstyle, London 1994, 126

Abb. 3: Kinder im Sitzkreis I: privat

Abb. 4: Kinder im Sitzkreis II privat

Abb. 5: Rotkäppchen: Mentges, G.: Erziehung, Dressur und Anstand in der Sprache der Kinderkleidung, Frankfurt a.M. 1989, Abb. 9

Abb. 6: Schneelandschaft: Postkarte Scheidegg im Allgäu

Abb. 7: Sonne: Mioulane, Oyenart: Faszination Tauchen, München 1993

Abb. 8: Regen: Roth: Wetterkunde für alle, München 1999, 270

Abb. 9: Fahrradhelme: Deutsches Textilmuseum Krefeld: Sportswear – zur Geschichte und Entwicklung der Sportkleidung. Ausstellungskatalog, Krefeld 1992, zwischen Seite 56/57

Abb. 10: Dächer: Merian Augsburg, Hamburg Heft 4/1885, 8

Abb. 11: Astronaut: Was ist Was – Planeten und Raumfahrt, Hamburg 1969, 41

Abb. 12: Bienen: Lampeitl, F.: Bienen halten, Stuttgart 1995, 72

Abb. 13: Taucher: Mioulane, Oyenart: Faszination Tauchen, München 1993, 216

Abb. 14: Eishockeytor: Baumann: Sportimpressionen, Künzelsau 1977, 142

Abb. 15: Rennfahrer: Deutsches Textilmuseum Krefeld: Sportswear – zur Geschichte und Entwicklung der Sportkleidung. Ausstellungskatalog, Krefeld 1992, 159, Abb. 353

Abb. 16: See: Ringler, A.: Gefährdete Landschaft, München 1987, 76
Abb. 17: Angler: Weissert: Angeln ist cool, Cham 2001, 104
Abb. 18: Unter Wasser: Mioulane, Oyenart: Faszination Tauchen, München 1993, 188
Abb. 19: Eishockey-Spieler: Deutsches Textilmuseum Krefeld: Sportswear – zur Geschichte und Entwicklung der Sportkleidung. Ausstellungskatalog, Krefeld 1992, Abb. 534
Abb. 20: Rakete: Was ist Was – Planeten und Raumfahrt, Hamburg 1969, 33
Abb. 21: Imker: Stern: Sterns Bemerkungen über Bienen, Stuttgart 1996, 76
Abb. 22: Rennauto: Baumann: Sportimpressionen, Künzelsau 1977, 104
Abb. 23: Schornsteinfeger: Brockhoff, P.: Nach den Regeln der Kunst. Altes Handwerk in Westfalen, Münster 1994, 133
Abb. 24: Fahrrad: Rad Welt – Das ADFC-Magazin, 4/1999, 35

Akte Spurensuche

Abb. 1: Mallory: Oilily Children's Wear & Jeans Spring Summer 1997 Nr. 26, 3
Abb. 2: Walk of Fame: Internet Foto
Abb. 3: T-Shirt: SZ-Magazin, Werbung Cerrutti und Marc Cain
Abb. 4: Raumschiff: Internet Foto
Abb. 5: Turnschuhe: Oilily Children's Wear & Jeans Summer Magazine 1999 Nr. 30, 45
Abb. 6: Jeans: ebenda, 26
Abb. 7: Weltkugel: Großer Weltatlas, Köln 1990, 52
Abb. 8: Baseball-Kappe: Oilily Children's Wear & Jeans Summer Magazine 1999 Nr. 30, 45
Abb. 9: T-Shirt: ebenda, 48

„Kinder – Kleider" aus pädagogischer Perspektive

Abb. 1: Philips-Vision, „Philips-Kids"; Multifunktionalität am Kinderanorak: New nomads. An exploration of wearable electronics by Philips, Rotterdam 2000, 81
Abb. 2: Schulkind, Erste Klasse Paderborn 2002
Abb. 3: Philipp Otto Runge: Die Eltern des Künstlers (1806), Ausschnitt, Postkarte
Abb. 4: Autosicherheitssitz (1990): kid size, Möbel und Objekte für Kinder, Ausstellungskatalog, 279
Abb. 5: Maskenfest der Kinder im Wald (Papua Neuguinea): kid size, Möbel und Objekte für Kinder, Ausstellungskatalog, 139
Abb. 6: Maya-Frau aus Panajachel, Guatemala: kid size, Möbel und Objekte für Kinder, Ausstellungskatalog, 96

Abb. 7: 1866: Englishwoman's Domestic Magazine: Ewing, E.: History of Children's costume, 81

Abb. 8: E. v. Unwerth: „Claudia with toy", New York 1994, Postkarte

Abb. 9: 1599-1641: A. van Dyck: Die drei Söhne von Karl I., Postkarte

Abb. 10: Kinderkleidung: Werbung von Tom Taylor

Abb. 11: junge Muslima mit ihrer Mutter, privat

Abb. 12: Grundschule Berlin 1998, 5. Klasse, Thema: Müll-Couture

Abb. 13 +14: Grundschule Paderborn 2001, 4. Klasse, Thema Lieblingskleidung